# Kant
# &
# a Crítica da Razão Pura

Coleção **PASSO-A-PASSO**

CIÊNCIAS SOCIAIS PASSO-A-PASSO
*Direção: Celso Castro*

FILOSOFIA PASSO-A-PASSO
*Direção: Denis L. Rosenfield*

PSICANÁLISE PASSO-A-PASSO
*Direção: Marco Antonio Coutinho Jorge*

*Ver lista de títulos no final do volume*

Vinicius de Figueiredo

# Kant & a Crítica da razão pura

ZAHAR

*Grafia atualizada segundo o Acordo Ortográfico da Língua Portuguesa de 1990, que entrou em vigor no Brasil em 2009.*

*Capa*
Sérgio Campante

*Composição*
TopTextos Edições Gráficas

*Impressão sob demanda*
UmLivro

*Papel*
Offset, Suzano S.A.

CIP-Brasil. Catalogação na fonte
Sindicato Nacional dos Editores de Livros, RJ

F488k Figueiredo, Vinicius de
Kant & a crítica da razão pura / Vinicius de Figueiredo. — 1ª ed. — Rio de Janeiro: Zahar, 2005.

(Passo-a-passo; 54)

Inclui bibliografia
ISBN 978-85-7110-832-5

1. Kant, Immanuel, 1724-1804. 2. Filosofia alemã. I. Título. II. Série.

10-0989 CDD: 193
CDU: 1(43)

[2020]

EDITORA SCHWARCZ S.A.
Praça Floriano, 19, sala 3001 — Cinelândia
20031-050 — Rio de Janeiro — RJ
Telefone: (21) 3993-7510
www.companhiadasletras.com.br
www.blogdacompanhia.com.br
facebook.com/editorazahar
instagram.com/editorazahar
twitter.com/editorazahar

FSC
www.fsc.org
MISTO
Papel produzido a partir de fontes responsáveis
FSC® C128038

A marca FSC® é a garantia de que a madeira utilizada na fabricação do papel deste livro provém de florestas que foram gerenciadas de maneira ambientalmente correta, socialmente justa e economicamente viável, além de outras fontes de origem controlada.

# Sumário

Introdução 7

Metafísica e crítica 10

Revolução copernicana em filosofia 20

A Estética transcendental 27

A Analítica transcendental: síntese e consciência 36

A Dialética transcendental 49

Conclusão 55

*Seleção de textos* 57

*Referências e fontes* 70

*Leituras recomendadas com comentários* 72

*Sobre o autor* 75

# Introdução

Quando a *Crítica da razão pura* veio a público, em 1781, Immanuel Kant tinha 57 anos de idade. Seus primeiros leitores pouco entenderam do programa ali traçado. A despeito do espanto e da incompreensão com que foi inicialmente recebida, a *Crítica* não foi fruto de uma descoberta momentânea, mas resultado de investigações que ocuparam Kant ao longo de mais de vinte anos. Com efeito, o livro representa um acerto de contas com o dogmatismo filosófico, que ele mesmo integrara à época de seus primeiros escritos. Daí por que a *Crítica* contenha um aspecto autobiográfico: o convite para que o leitor abandone a atitude dogmática é feito por alguém que a trocou pelo ponto de vista crítico, e que, em função disso, se permite troçar, aqui e ali, dos castelos de ar edificados pelos metafísicos. Por outro lado, a reivindicação da metafísica em conhecer o suprassensível não é um erro como outro qualquer. Se, como reconheceu Kant, "demorou muito" até que ele renunciasse inteiramente a praticar o tipo de saber almejado pelos dogmáticos, é porque o dogmatismo tem suas razões, que Kant, ex-dogmático que é, conhece como ninguém. Na

*Crítica da razão pura*, estas duas atitudes se revezam e se complementam: de um lado, a ironia em relação às afirmações desmesuradas dos metafísicos; de outro, a enorme consideração pela metafísica, cuja busca pelo incondicionado, inscrita que é na natureza da razão, representa uma vocação de todos os homens.

Se, então, tivéssemos de escolher uma atitude que melhor exprimisse a peculiaridade da *Crítica*, diríamos que a revolução que ela promove se baseia em um recuo da razão diante de si mesma. Com a *Crítica*, a razão se torna reflexiva: embora o exame do que podemos conhecer termine por restringir as pretensões da metafísica clássica, tal censura sucede em benefício do autoconhecimento da razão, que, conhecendo seus limites, redescobre suas disposições naturais. Uma coisa é traçar as delimitações internas à razão a partir do recuo obtido pela crítica; outra, redigir um tratado sobre o mundo. Kant, tomando o primeiro caminho, não expõe um corpo de teses ao modo de uma nova doutrina filosófica, que disputasse com as concorrentes sobre a verdade das coisas. Na *Crítica*, a razão ocupa-se apenas de si mesma, toma distância de si para apreender-se na totalidade de suas funções. E essa ocupação é uma "reflexão" também no sentido de que comporta uma mudança radical de atitude por parte do leitor de Kant, semelhante à autocrítica que deu ao autor ocasião e autoridade para escrever o livro.

Esse aspecto fenomenológico da *Crítica* (ela abarca um percurso, supõe uma experiência da razão e a investe de uma história) de modo algum desmerece o valor de seus argumentos. Kant *prova* que a metafísica dogmática é indefensável, na medida em que se assenta em premissas que levam a razão a contradizer-se a si própria. Tal prova converge com a ideia de *recuo* da razão, que, tendo conhecido a si mesma, mede agora sua distância em relação às coisas. Pois o que lança a razão em um impasse é a convicção, ingenuamente dogmática, de que conhecemos as coisas como são em si mesmas, como se a filosofia fosse um discurso *direto* sobre o mundo. Mas, indaga Kant, o que mais é o "mundo", senão uma simples ideia da razão? Com base nessa constatação de viés idealista, a *Crítica* irá mostrar que nosso saber sobre a natureza, longe de coincidir com a verdade absoluta das coisas, é todo ele travejado por elementos inscritos na nossa faculdade de conhecer, cuja estrutura antecede a experiência e determina os parâmetros no interior dos quais ela se torna possível.

Ao que um leitor desconfiado poderia retrucar: mas as credenciais de que Kant se vale para argumentar *assim* não traem uma tomada prévia de partido, que compromete de uma vez por todas a suposta isenção e neutralidade que a *Crítica* teria de manter em relação a toda e qualquer perspectiva dogmática?

Parece-nos que não, e isso pelo motivo que une, na origem da *Crítica*, reflexão e idealismo. Dissemos há pouco: Kant prova que o dogmatismo conduz à contradição da razão consigo mesma. E essa contradição interna enseja o idealismo, que nada mais é do que a expressão da atitude reflexiva em filosofia. Isso significa que a *demonstração* da impossibilidade do dogmatismo opera no registro de uma reflexão motivada pela crise da metafísica clássica. Daí que os argumentos da *Crítica* retirem seu valor da polêmica que Kant trava com a tradição filosófica. O efeito da demonstração em curso, por isso, ao invés de produzir resultados positivos, incide sobre falsas expectativas depositadas na razão humana, e nisto decide sobre o único sentido que a filosofia pode manter após o abandono da atitude dogmática.

Nos limites deste breve comentário, seria impossível apresentar todos os tópicos tratados por Kant na *Crítica da razão pura*. Optamos por sublinhar as articulações que unem os elementos da obra, e, com esse propósito, nos ativemos à segunda edição, de 1787, cuja paginação é geralmente indicada pela letra B. No intuito de fornecer ao leitor um instrumento de aproximação da *Crítica*, destacamos as premissas gerais e os resultados mais importantes do acerto de contas de Kant com a metafísica clássica.

## Metafísica e crítica

A *Crítica da razão pura* é uma denúncia contra o desvio da razão promovido por uma vã filosofia. Partindo de um diagnóstico severo da metafísica clássica, Kant conclama a uma revolução no modo de pensar, capaz de levantar todas as dificuldades que impossibilitaram a metafísica de apresentar-se como uma verdadeira ciência. Crise e revolução aparecem como pretexto e resultado do tribunal da razão, instituído com a finalidade de certificá-la de suas pretensões legítimas e recusar-lhe as infundadas. Uma partição fundamental, portanto, mas inteiramente fiel ao espírito do Iluminismo do século XVIII, quando ganhou força a ideia de que era indispensável proceder a um exame dos *interesses* da razão.

Com a *Crítica da razão pura*, Kant submete a exame os interesses especulativos da razão, isto é, relativos a sua competência cognitiva — e, por meio disso, põe em xeque a noção tradicional da metafísica como ciência do suprassensível. O que isso comportava fica claro quando recordamos o apelo feito por Descartes para que os teólogos da Sorbonne aprovassem a publicação das suas *Meditações metafísicas* (1641): nelas, argumentava o autor, a imortalidade da alma e a existência de Deus se encontravam *demonstradas* pela razão natural... É verdade que, quase um século e meio depois, à época da *Crítica*, a ideia de que a metafísica estava em crise não era novidade para ninguém. Hume pusera a nu o pseudossaber que ela havia se tornado, com uma denúncia cujo vigor, admite Kant, o despertou do sono dogmático. Mas Hume teria ido longe demais ao passar da crise da metafísica à eutanásia da razão. Kant recusa-se a segui-lo nisso por mais de um motivo. O principal deles, e que dá ideia da novidade da *Crítica*, reside no fato de que, aos olhos de Kant, a implicação cética a que chegara Hume inadvertidamente subscreve a pressuposição dogmática, conforme a qual o inteiro destino da razão se decide pela sorte da metafísica especulativa. Diante dos partidários do dogmatismo, que especulavam com plena confiança na razão, presumindo-lhe capaz de teorizar sobre tudo, Hume teria se contentado em inverter os sinais: partindo do insucesso reiterado das tentativas metafísicas, concluía que a razão estava aquém de todas as tarefas a que se propunha. Mesmo o conhecimento da natureza, concluía assim Hume, baseava-se somente na observação e na indução, nada devendo à razão enquanto faculdade de princípios.

A divergência de Kant com Hume pode ser resumida no fato de que, ao invés do que ocorre sob fogo cético, a razão sai fortalecida do embate que a *Crítica* trava com o dogmatismo. Isso porque a investigação sobre se a metafísica é possível enquanto ciência convive com a constatação de que, enquanto *disposição natural* da razão, ela é um fato incontornável. Sempre houve e haverá um interesse metafísico por parte da razão humana, argumenta Kant. Além disso, Kant vê no rigor das matemáticas e na universalidade dos enunciados da ciência da natureza duas provas de que a razão é capaz de juízos necessários. Na verdade, as duas coisas estão ligadas: não haveria ciência necessária, não fosse a exigência que a razão faz pelo incondicionado. E isso é o bastante para que Kant desloque a questão imposta por Hume à razão, cuja propensão a iludir-se, embora permaneça sendo o ponto de partida da *Crítica*, não representará mais seu destino inelutável. A *Crítica* retira dessa orientação corretiva o princípio de sua divisão interna: a análise a que submete o entendimento, incumbida que está de fixar as condições do conhecimento da natureza, é solidária à crítica da ilusão dialética, ilustrada pelas filosofias da metafísica clássica, sempre voltadas para o fim de fornecer um conhecimento positivo daquilo que se encontra além da experiência sensível. Ora, o suprassensível, embora não seja cognoscível, responde por uma aspiração natural da razão, cuja legitimidade devemos reconhecer a despeito das ilusões da filosofia dogmática. Não é exagero dizer que a *Crítica* vê na metafísica clássica uma *ideologia da razão*, que a desvirtua de sua vocação própria — uma vocação que Kant pretende resguardar ao abrigo do ceticismo abraçado por Hume.

A questão da *Crítica*, assim, anuncia-se deste modo: a vocação da razão pelo suprassensível admite a formulação especulativa que lhe outorgou a metafísica clássica? O exame dessa pergunta é a investigação da possibilidade da metafísica enquanto ciência, isto é, enquanto *teoria* do suprassensível. E, tão logo nos convençamos da sentença de que tal teoria é impossível, teremos nos emancipado de toda perspectiva dogmática e estaremos aptos para conferir ao movimento da razão em busca do incondicionado (seu interesse metafísico) uma expressão adequada — expressão que, contudo, não poderá deixar de parecer excessivamente modesta aos olhos do filósofo dogmático. Afinal, como não ver uma derrota no recuo que a crítica promove frente às pretensões tradicionais da metafísica? Todavia, menos do que ser recusado sob o pretexto da nossa ignorância acerca das coisas que mais nos interessam, o dogmatismo é refutado por apresentar à razão humana um *falso problema*. A *Crítica* não trata o saber como território cujo objeto se furtasse a nossa vista; ao contrário, ela retoma os temas da metafísica clássica como problemas que "nunca se encontram fora da nossa ideia" e que, por isso mesmo, jamais poderão ser objeto de uma teoria, devendo antes ser resolvidos com base na simples investigação da razão. O dogmatismo representa uma solução impossível por querer encontrar, fora da razão, o que só dispõe de significado para ela. Ora, se apenas a solução crítica pode ser *totalmente certa*, é porque sua certeza é a da ordem do autoconhecimento. Investiga-se a razão, em sua estrutura e em sua história, e não os seus objetos. Daí a insistência de Kant em nos advertir que a *Crítica* é um *tratado de método*, e não o sistema da ciência mesma.

De seu lado, o dogmatismo é, antes de tudo, um erro de interpretação — e, por conta disso, refutar seus resultados vai de par com oferecer a razão que motiva seus equívocos. Não por acaso, a mesma *Crítica* que responde pela negativa às pretensões especulativo-dogmáticas da razão também se incumbe de explicar o que tornou possível o aparecimento do dogmatismo, cuja motivação mais íntima não é arbitrária. Menos que um tratado da verdade, Kant nos oferece a história e a crítica de uma ilusão, em um enredo no qual o dogmatismo desempenha um único papel com duas facetas: se, por um lado, faz as vezes de *ideologia especulativa* que desvirtua a razão de seus reais interesses, por outro, essa pseudolinguagem representa uma acomodação compreensível da razão, sua propensão mais arraigada, contornável somente a partir do momento em que a *Crítica* entra em cena.

*A crítica e a experiência científica.* É por referência a esse contexto de inspiração jurídica — a *Crítica*, vale repetir, é o tribunal da razão, instituído para pronunciar-se sobre seus interesses — que devemos medir o alcance do problema do conhecimento no interior da filosofia kantiana. Houve época em que se resumiu o principal da *Crítica* à formulação filosófica da física newtoniana. Sem dúvida, a *Crítica* contém uma *lógica da verdade* que corresponde à exposição dos conceitos e princípios que tornam possível o conhecimento da natureza, tal como concebida por Newton. Ocorre que, em um passo conclusivo da Analítica transcendental, após ter levado a termo a abordagem do problema da verdade, Kant adverte que sua motivação, ao empreender análises tão árduas, não residiu em nos ensinar aquilo que poderíamos aprender pelo estudo da experiência. Longe de contentar-se em traduzir em linguagem filosófica a prática das ciências, a *Crítica* é uma reflexão sobre as fontes do conhecimento, na falta da qual é certo que mesmo o cientista que atue mais ao rés da experiência cedo ou tarde irá dogmatizar. Se, contra o que supôs Hume, o conhecimento da experiência possui sua origem na razão, então a disposição natural desta última pelo incondicionado já opera nos parâmetros da própria prática científica. Ou seja, é ao investigar a natureza que a razão se arvora em também conhecer o que se situa além da experiência... Daí que, ao contrário do que poderia supor nosso naturalista desavisado ao realizar seus experimentos científicos, o interesse metafísico da razão, sua busca incessante pelo incondicionado, não é algo que se evite simplesmente dando as costas aos manuais de ontologia. Ele já comparece ali onde ninguém suspeitaria encontrá-lo, em nossa relação mais singela com a experiência.

Com efeito, em diversas passagens da *Crítica*, Kant detém-se em analisar o movimento da razão, que consiste em partir de princípios verificáveis empiricamente e elevar-se cada vez mais alto, buscando sempre condições mais remotas. A trajetória é sempre a mesma: abandona-se o solo dos fenômenos em benefício do espaço vazio do entendimento puro, sem que se perceba que, devido a essa elevação, o apoio para a progressão do conhecimento simplesmente desaparece. E é por isso que a metafísica clássica, a despeito de não possuir nenhuma validade teórica e de não representar qualquer conhecimento positivo, permanece *interessante* aos olhos do kantismo. Pois, ao interpretar como existente em si mesmo o fundamento suprassensível sobre o qual assenta a experiência, o filósofo dogmático explicita a ilusão que paira como ameaça recorrente sobre nossos conceitos empíricos no seu uso prévio à *Crítica*. Assim, desfazer o equívoco da filosofia dogmática passa por revisar a noção de experiência, em torno da qual gravita a investigação da natureza. E, inversamente, fornecer as bases filosóficas da ciência natural é começar a responder ao impasse trazido à luz pela crise da metafísica. Por isso, sem querer negar o fascínio que Newton exerceu sobre Kant, não se deve ver na teoria kantiana da experiência a formulação filosófica do êxito da ciência moderna. Tal teoria origina-se, isto sim, na perplexidade de Kant face ao solo movediço em que se viu lançada uma razão que ignora a si mesma. Na *Crítica*, em suma, o problema do conhecimento subordina-se ao conhecimento da razão, e a epistemologia faz coro com a crítica da ilusão dogmática.

*Mudança de perspectiva*. Podemos então começar a compreender melhor a natureza da ruptura promovida por Kant com a metafísica clássica. Uma vez que o dogmatismo corresponde à história da ilusão natural da razão, e a *Crítica*, a seu autoconhecimento, a revolução no modo de pensar conclamada por Kant deixa tudo como está: altera-se somente a perspectiva sob a qual os temas clássicos da metafísica são abordados. O que só parecerá pouco àqueles que, ignorando a lição kantiana, persistem em definir a filosofia como um saber sobre objetos. Em verdade, porém, a *Crítica* faz da filosofia a adoção de uma perspectiva sistemática sobre as exigências intrínsecas a todo discurso racional. A exigência do incondicionado pela razão foi mal compreendida pela metafísica clássica, que fez dessa necessidade subjetiva o pretexto de um discurso teórico especulativo, como se o incondicionado fosse propriedade das coisas mesmas. Assim, a metafísica acreditou demonstrar a imortalidade da alma e a existência de Deus, isso quando não comentava o começo do Mundo ou a necessidade absoluta a presidir a ligação de todos os eventos naturais. Embora nada disso possua valor como conhecimento objetivo, é do maior interesse para a razão. Pois, feitas as contas, as filosofias dogmáticas combatidas por Kant retiravam sua força persuasiva do fato de que possuem uma vocação sistemática — a qual, embora sem isentá-las da severidade das conclusões da *Crítica* acerca do que podemos conhecer, irá lhes assegurar uma sobrevida no interior do próprio criticismo. Se, aos olhos de Kant, as filosofias do passado têm validade, mesmo após a *Crítica* limitar todo nosso conhecimento à experiência, isso não se deve, claro está, a seus resultados — que nada mais são do que conceitos vazios expostos com a vestimenta de verdades irrefutáveis em torno do suprassensível. Sua "validade" deriva de que os objetos da especulação metafísica sempre foram Deus, liberdade, imortalidade — temas que a filosofia kantiana irá acolher, não suprimir.

Acrescente-se que esse acolhimento temático é motivado por uma simpatia formal, por uma comunidade de interesses que o kantismo mantém com a metafísica clássica, que submete à investigação. Pois, conforme o exame levado a cabo por Kant ao longo da Dialética da razão pura, imortalidade, liberdade e Deus são ideias originadas na regressão da razão do condicionado ao incondicionado, perfazendo um movimento que totaliza as partes e institui, em um plano irredutível à verificação, o inteiro sistema do conhecimento empírico. Aquelas ideias, enfim, respondem à exigência racional de que a experiência *configure uma totalidade*, do mesmo tipo que a vigente num organismo ou num texto, em que partes ou teses revelam uma articulação sistemática que as une mutuamente. Os dogmáticos erravam ao hipostasiar o impulso totalizante da razão no incondicionado em si? A lição kantiana, representada pela inversão de perspectivas que é a revolução copernicana, consistirá em acolher o impulso totalizante da razão como aquilo que preside, do alto, toda determinação empírica e, por implicação, todo conhecimento de experiência.

Com efeito, veremos que, conforme a *Crítica*, todo condicionado é posto sobre o fundo do incondicionado, e cada determinação transcorre no horizonte da totalidade das determinações da qual ela hipoteticamente faz parte. Nem o incondicionado nem o sistema que articula em um todo as partes do conhecimento empírico dispõem de um correlato objetivo. Ao contrário, são meras ideias da razão, mobilizadas a cada passo do conhecimento da experiência a fim de investir o conjunto de suas determinações de harmonia e finalidade. Entendamo-nos sobre isso: para Kant, só há conhecimento (determinação) sob o horizonte de uma totalidade graças à qual a experiência pode ser pensada como sistema. Foi isso — que em verdade constitui somente uma condição subjetiva do conhecimento da natureza — que a metafísica clássica erroneamente concebeu como uma propriedade intrínseca às próprias coisas.

Nesse passo em falso resume-se a verdade da psicologia, da cosmologia e da teologia racionais, cujo conjunto constituía o núcleo da metafísica especial dos clássicos — passo que, convém insistir, *é dado pela razão* ao debruçar-se sobre a natureza. Por conta disso, a ruptura de Kant com o dogmatismo não faz com que ele dê as costas à metafísica. E como poderia fazê-lo, após ter localizado a motivação mais genuína da metafísica no seio da própria razão?

Duas consequências seguem-se daí. Primeiramente, e como efeito operando no interior do campo aberto pela *Crítica*, Kant poderá reabilitar a metafísica em outras obras, bastando, para isso, que a tenhamos depurado de sua intenção teórico-especulativa. Em segundo lugar, pelo fato de a *Crítica* não se apresentar como nova tentativa doutrinal de demonstrar teses positivas, mas como perspectiva não dogmática capaz de reaver o movimento da razão sedimentado nos sistemas filosóficos do passado, Kant faz com que a leitura da tradição deixe de ser motivada pelo desejo de refutar este ou aquele filósofo dogmático, sem, por isso, fazer dela simples matéria de erudição. Nem uma coisa, nem outra; Kant vislumbra na frequentação das obras filosóficas do passado o pretexto da atividade racional por excelência. Pois o que mais essas obras representam, senão a ocasião para medir o alcance da razão em configurar-se sistema? De modo que, ao romper com o dogmatismo e ao mesmo tempo preservar o interesse da metafísica, a *Crítica* contrabandeou para o âmbito da atividade filosófica o estudo dos textos dogmáticos do passado — desde então válidos, não pelo *que* afirmam, mas pela forma racional *como* afirmam suas teses. Kant, em suma, preparou o advento da história da filosofia como um saber desenraizado de toda positividade e de toda intenção edificante — uma reflexão que se pretende *crítica* na medida em que só fala das coisas por recuo.

## Revolução copernicana em filosofia

Kant nunca o negou: foi Hume quem o acordou do sono dogmático. Com efeito, antes da *Crítica*, Hume havia investido contra o coração da metafísica clássica, ao questionar a presumida necessidade do princípio de razão suficiente em favor de uma tese ousada: seria a imaginação, não o entendimento, a responder pelo princípio da causalidade.

Resumidamente, Hume chegava a essa conclusão com base no seguinte: 1) temos ideias complexas, que podem ser decompostas em ideias simples; 2) ideias simples reportam-se a impressões simples, das quais são cópias; 3) toda ideia para a qual não se possa encontrar uma impressão simples é destituída de valor objetivo; 4) este é o caso da ideia de causalidade, visto que, na experiência, nada responde pela ligação *necessária* entre dois eventos. Qual é, então, a origem da ideia que fazemos da causalidade? Conforme Hume, esta origina-se nas operações que a imaginação efetua a partir da regularidade apresentada pela natureza. Observamos que a incidência do evento A é sempre seguida da incidência do evento B; a constatação da conjunção frequente entre A e B indelevelmente produz sobre nós a ideia de que a ocorrência de A será *necessariamente* seguida da de B. Mas nada, objetivamente, dá respaldo a essa expectativa. Logo, conclui Hume, a causalidade não é mais que uma expectativa que possui sua origem em um sentimento gerado pelo hábito.

É fácil perceber que, para a argumentação humeana, é decisiva a premissa segundo a qual nossas ideias sempre podem ser reconduzidas a ideias simples que, por sua vez, correspondem a impressões igualmente simples. Esse postulado da análise institui um critério de significação: toda ideia de que dispomos *significa* na medida em que possa ser encontrada a impressão da qual ela se origina. Assim, a crítica de Hume à ideia de conexão necessária ampara-se em uma acepção de experiência conforme a qual, ao menos idealmente, esta se resume a impressões simples, ou seja, independentes umas das outras. A sabedoria do cético está em ater-se a esse limite. Tudo o que a experiência fornece à análise são impressões descontínuas que, *não podemos saber por que*, encontram-se numa conjunção constante. Por pura presunção, a metafísica clássica interpretou essa regularidade natural como a ordem necessária do universo, fundando em princípios transcendentes aquela conexão entre eventos pela qual só podem responder o costume e a experiência. Contrariando a noção até ali corrente de que a ligação causal entre dois eventos era a expressão de uma *necessidade objetiva* capaz de ser conhecida pela razão — pretexto sob o qual a metafísica clássica subordinava a experiência à cosmologia racional —, Hume associa todo conhecimento da natureza à ciência experimental promovida pelo raciocínio indutivo. Ir além e pretender dar razão da regularidade da natureza não passaria de devaneio especulativo.

Advertíamos que o fato de ter despertado Kant do sono dogmático não fez de Hume seu antecessor. Na verdade, o único ponto sobre o qual Kant encontra-se inteiramente de acordo com Hume consiste na convicção de que a metafísica clássica pretendia muito mais do que o exame da origem de nosso conhecimento admite como sendo lícito. Mas, embora combata o mesmo adversário que Hume, Kant lança mão de uma estratégia cujos resultados são diversos e, em certa medida, contrários àqueles do célebre filósofo escocês.

Essa divergência é fácil de explicar a partir do que vínhamos dizendo: em sua investida contra a metafísica clássica, Kant permanece sendo um racionalista. É em nome da razão que o tribunal da crítica é instituído. E, para esse tribunal, a ideia de que a experiência perfaça um sistema, longe de corresponder a uma expectativa psicológica oriunda do costume, exprime uma exigência racional que, por isso mesmo, é legítima. Assim, Kant recusa-se a subscrever a ruptura entre experiência e cosmologia preparada pela tradição empirista e consumada por Hume. Evidentemente, essa recusa não poderá significar a volta pura e simples ao dogmatismo, e a *Crítica* terá de redefinir, numa polêmica frontal com a metafísica clássica, o que é *experiência* e qual a natureza da *totalidade* sobre o fundo da qual ela se determina como conjunto de objetos possíveis. Mas essa redefinição, por mais severa que seja em relação às pretensões especulativas da razão dogmática, é pautada pela premissa de que *pensar* é mais do que simplesmente *perceber* e ligar percepções — de que, portanto, toda percepção só se torna inteligível na medida em que se subordina a regras prévias que projetam o que é *determinado* como experiência em uma totalidade sistemática posta pela razão.

É sob essa orientação "copernicana" que transcorre a abordagem kantiana da experiência, e, por referência a ela, pode-se vislumbrar, na divisão interna na Doutrina dos Elementos exposta na *Crítica* — a "lógica da verdade" e a "crítica da ilusão dialética" —, as duas etapas principais da epistemologia kantiana. Visto não haver experiência sem razão, qualquer determinação objetiva é marcada, em sua origem, pelo modo como algo nos afeta na sensibilidade (Estética transcendental) e pela maneira como o que é dado pelos sentidos é pensado pelo entendimento (Lógica transcendental). É disso que se incumbe a lógica da verdade: investigar a *origem da determinação*, partindo da premissa de que, embora nosso conhecimento comece com as percepções sensíveis, nem por isso deriva delas. Ao contrário, só há conhecimento na medida em que o que nos é dado pelos sentidos for determinado como objeto de experiência, e tal determinação envolve condições subjetivas *a priori* relativas à forma como percebemos fenômenos e como tais fenômenos são pensados enquanto natureza.

E isso não é tudo. Porque toda determinação objetiva é projetada sobre o fundo de uma totalidade inteligível, sem a qual ela seria despojada de qualquer finalidade, a epistemologia kantiana abarca, além da lógica da verdade, a crítica da ilusão (Dialética transcendental), representada pela interpretação dogmática que insiste em ver nesse horizonte inteligível realidades existentes em si mesmas, e não simples exigências da razão. Levantar as condições sob as quais o conhecimento natural se torna possível, criticar o dogmatismo e evitar as conclusões céticas de Hume são, por isso, objetivos convergentes, perseguidos pela *Crítica* a fim de restituir à razão o que lhe é de direito.

Prossigamos um pouco mais nessa caracterização geral da revolução copernicana em filosofia. De acordo com ela, nem a experiência, nem o fundo sobre o qual ela se institui são realidades em si. Eis o aspecto idealista da posição kantiana. Tanto a experiência quanto a totalidade de fundo que a investe de finalidade são, por isso, resultados do processo por meio do qual a razão conhece *o que ela não é*, ou seja: a natureza. O idealismo transcendental, assim, é o reconhecimento da atividade da razão em reunir a diversidade na unidade que possibilita o conhecimento. A natureza que podemos conhecer é antecipada em sua estrutura geral por nossas faculdades de conhecimento. São essas faculdades — sensibilidade, entendimento, razão — que devemos, então, decompor e analisar, a fim de identificarmos os elementos que tornam o conhecimento empírico primeiramente possível. Por onde se vê que, na passagem de Hume a Kant, os conceitos de *análise* e *experiência*, embora permaneçam coligados, adquirem uma feição inteiramente diversa e conduzem a conclusões muito diferentes.

Com efeito, Hume só pôde engajar-se na denúncia de que o princípio causal careceria de objetividade na medida em que fez da experiência o âmbito no interior do qual nos deparamos inicialmente com elementos desprovidos de qualquer relação, átomos da significação cuja pertinência se apoia no primado da análise. Já aos olhos de Kant, a experiência *é sempre estruturada*, não por si mesma, mas pela razão, que, ao se aplicar à matéria que lhe é dada, reúne a diversidade de suas percepções segundo princípios e regras próprios. Se a verdade concerne, não à essência última das coisas, mas ao modo como as conhecemos, é porque, com Kant, abandonamos a ontologia em prol de uma simples analítica do entendimento puro. Assumindo esse ponto de vista inédito, Kant poderá então reivindicar para os juízos de experiência — que Hume reduzira a um capítulo da psicologia — uma necessidade racional, sem que, por conta disso, tenha de subscrever qualquer tipo de fundamentação transcendente da ordem natural. Bastará seguir a exposição das condições sob as quais os objetos podem unicamente ser determinados como elementos de uma experiência para, então, restituir ao princípio causal sua validade objetiva: somente através dele fenômenos dados na sensibilidade podem ser determinados como experiência *para nós*. Visto que essa determinação produzida pelo entendimento é projetada pela razão na série completa de *todas* as condições (o incondicionado), o problema da causalidade permanece dotado de seu significado cosmológico, sem que, contudo, se possa doravante transmudá-lo numa teoria positiva do Mundo.

Resta que o leitor de Kant termina conduzido a este curioso resultado: as questões metafísicas que estão na origem da *Crítica* e de sua exigência de fornecer um veredicto quanto ao saber ou não saber dos objetos e à capacidade ou incapacidade da razão de julgar algo a respeito deles permanecem ressoando sem resposta, mesmo após a epistemologia tomar o lugar da ontologia. Tais questões provêm de um campo de significações racionais que, embora sejam vazias do ponto de vista especulativo, operam como margens ao longo das quais se desenvolve o conhecimento teórico. Daí também por que Kant insista em nos advertir de que o que há de importante na metafísica não se encontra confinado à linguagem dos visionários, e nem pode ou deve ser desalojado pela *Crítica* sem que, com isso, terminemos por ceder às conclusões do ceticismo, que nega ao conhecimento de experiência toda e qualquer universalidade. Pois a mesma faculdade — a razão —, que reúne para os juízos de experiência os quesitos exigidos para uma ciência necessária, faz com que passemos naturalmente da *síntese* dos fenômenos à *projeção* de sua totalidade. Sem dúvida, cabe à *Crítica* nos prevenir contra a ilusão de tomar esse horizonte das determinações como existente em si. Tal advertência, porém, não é e nem poderia ser uma censura ao homem que se surpreenda vez ou outra absorto e perplexo, indagando-se, por exemplo, se o mundo tem um começo ou se existe desde toda eternidade. Se conhecer é determinar e não há determinação sem o pensamento de uma totalidade, as verdades da ciência serão sempre obtidas sobre o fundo de uma aparência acerca da qual é preciso voltar incessantemente, para recordarmo-nos de que a finalidade inscrita na natureza é tão somente uma ideia da razão, que preside a determinação *do que não é razão* (a coisa em si) como experiência que pode ser conhecida por nós.

## A Estética transcendental

A distinção entre *conhecer* e *pensar* é a chave que possibilita a Kant superar de um só golpe dogmatismo e ceticismo. *Pensamos* problemas para os quais não *conhecemos* respostas, *conhecemos* a natureza na medida em que determinamos fenômenos sensíveis enquanto objetos de experiência e os *pensamos* como partes de uma totalidade irredutível a toda verificação. O âmbito desse pensar é o das ideias da razão, as quais, diz Kant na "Introdução à Dialética transcendental", "contêm o incondicionado e, por isso, concernem a algo ao qual toda a experiência é subordinada, mas que não é ele mesmo jamais objeto de experiência" (B 367). Mas o que, exatamente, é objeto de experiência? Responder a essa questão exigirá seguir os passos da análise de que se incumbe Kant na lógica da verdade, que ocupa a primeira parte da Doutrina dos elementos. Uma análise cujo ponto de partida reside na distinção entre *começo* e *origem* do conhecimento e cujo resultado é nada menos do que a elaboração de uma Estética e de uma Analítica transcendentais.

Todo conhecimento começa com a experiência, mas nem por isso se origina da experiência. Fosse assim, nada distinguiria a investigação transcendental de mais um episódio da fisiologia do entendimento inaugurada por Locke, o qual, sustentando que todas as ideias têm origem na experiência, assimilou o trabalho crítico da filosofia à tarefa de limitar nossos conhecimentos ao que nos foi dado alguma vez pelos sentidos. Mas, retorquirá Kant, pretender apontar nos sentidos o limite do conhecimento é ignorar a natureza das operações mais elementares da matemática. A demonstração de que a soma dos ângulos de um triângulo perfaz 180 graus, por exemplo, é completamente alheia a qualquer consideração empírica. O mesmo vale para a ciência da natureza, cujo progresso depende da capacidade do investigador em enquadrar suas observações a partir de um plano *previamente* estabelecido, que impõe aos fenômenos parâmetros conforme os quais eles se qualificam como experiência. Não haveria lei geral da queda dos corpos, não fosse Galileu desconsiderar o atrito do ar — e essa "licença científica" encontra suas prerrogativas no fato de que, contra o que imaginou Locke, boa parte da ciência é uma criação do entendimento e da razão humana que antecede qualquer relação empírica.

Tomar esse partido envolve proceder à análise dos elementos puros do conhecimento da natureza, isto é, relacionar tudo o que pertence a nossa faculdade de conhecimento antes de ela ser suscitada por impressões sensíveis. Nessa direção, Kant nos convida a separar ou isolar, em um conhecimento dado, aquilo que recebemos por impressões sensíveis daquilo que a razão fornece de si mesma (ver Texto 1). Por meio dessa separação, distingue-se o que é *puro* e o que é *empírico* em nosso conhecimento da natureza — e é através dessa divisão que Kant retoma, mas em chave idealista, a distinção clássica entre forma e matéria envolvidas no conhecer. Em chave idealista, pois agora os aspectos formais do conhecimento, ao invés de remeterem à estrutura do mundo ou ao entendimento divino, explicam-se por nossa antecipação diante do que nos apresentam os sentidos. O que a razão fornece de si mesma, portanto, equivale ao que pode ser antecipado por ela, em um âmbito distinto das coisas e no qual se decide previamente o modo como são *percebidas* e *pensadas* por nós.

Duas perguntas presidem, desta feita, a investigação levada a cabo por Kant na analítica da verdade. Primeiramente, caberá identificar os princípios formais que tornam possível a ordenação das sensações recebidas nos sentidos em relações constantes. Disso se incumbe Kant na Estética transcendental, cujo título, retomando a equivalência etimológica entre *aisthesis* e *sensação*, anuncia que a sensibilidade discutida aqui concerne ao modo como somos *afetados* por objetos. Em seguida, na Analítica dos conceitos e princípios do entendimento, Kant examina o modo como os fenômenos que afetam nossa sensibilidade são, então, *pensados* como objetos — o que envolve, como veremos adiante, a estrutura categorial que, assentada em nossa faculdade de conhecimento, dita o que pode se qualificar como experiência. Essa divisão geral justifica-se pela diferença irredutível entre os dois elementos sem os quais não haveria conhecimento algum: intuição e conceito. Pela primeira, algo nos é dado como fenômeno; pelo segundo, pensado como objeto em geral. Sigamos a ordem e comecemos pela Estética transcendental.

O correlato de nossas intuições, diz Kant, chama-se fenômeno *Erscheinung*. Ele possui uma matéria, que corresponde à sensação, e uma forma, que possibilita ordenar sua multiplicidade sob certas relações. Embora a matéria seja sempre dada *a posteriori*, isto é, dependa de recebermos impressões por meio dos sentidos, a forma do fenômeno é dada *a priori* na mente. A forma sob a qual se encontra toda matéria dada pelos sentidos é a *forma pura* das intuições sensíveis em geral. Ela é dupla: espacial e temporal. Isto é: toda percepção é organizada sob as formas da espacialidade ou da sucessão temporal, a representação de qualquer objeto dos sentidos sendo, nessa medida, representação de algo dado no espaço ou no tempo, as duas formas puras da intuição.

Kant retira daí duas consequências fundamentais tanto para a epistemologia quanto para a crítica do dogmatismo. Ambas decorrem do fato de que espaço e tempo, por não corresponderem a nada real, mas serem formas da sensibilidade mediante as quais somos afetados por objetos, qualificam todo o enunciado sobre a natureza como parte integrante de um discurso relativo, não às coisas como são em si mesmas, mas como se nos aparecem. Eis-nos frente à célebre distinção entre fenômenos e coisas em si, sobre a qual Kant tanto fala no Prefácio à segunda edição da *Crítica*. Ao não atentar para essa distinção, a metafísica clássica descuidou da condição estética subjacente ao conhecimento. E foi esse descuido que levou o dogmático a acreditar que falava diretamente das coisas.

Com efeito, a ontologia dogmática partia da convicção de que algo pudesse ser conhecido através do pensamento puro, isto é, dos nossos juízos e representações intelectuais. Nesse quadro, é a intuição intelectual, como a defendida por Descartes, o que torna o conhecimento claro e distinto; quando não se admite tal expediente, como é o caso de Leibniz, recorre-se a procedimentos de análise da linguagem para explicitar a ordem do mundo. Comum a essas duas soluções é a tese de que tudo o que é representação sensível carece de distinção; ao sensível é reservado o lugar da fala confusa. Não por acaso, de Descartes a Leibniz, os sentidos foram recorrentemente apontados como a principal origem do erro, contornável apenas mediante uma depuração intelectual capaz de isentar o saber de todo viés estético. A premissa de fundo que dava apoio a essa concepção é a de que a relação entre o discurso e o mundo é homogênea. Não fosse essa homogeneidade, a essência dos entes permaneceria irredutível ao pensamento e de nada adiantaria decompor nossos conceitos em seus elementos simples com o intuito de atingir, por essa via, a complexidade das próprias coisas. Porém, o que assegura que a constituição do mundo seja conforme à linguagem, senão a convicção de que o pensamento e as coisas têm uma mesma estrutura e origem? Compreende-se, então, que o vínculo entre análise discursiva e ontologia, operante na filosofia dogmática, se apoia na convicção de que o mundo e tudo o que ele contém foi criado por Deus. Como argumenta Wolff, discípulo de Leibniz que de início exerceu influência direta sobre Kant: se o homem, enquanto criatura, é um espelho das perfeições divinas, a razão humana conhece a natureza na medida em que reflete a ordem das coisas criadas.

Examinemos um pouco mais o ideário clássico, a fim de em seguida sublinharmos a revolução promovida por Kant. A reflexão de que fala Wolff é uma atenção voltada às representações de que dispomos das coisas. Para o partido dos leibnizianos com que irá polemizar Kant, o conhecimento distinto é obtido pela análise exaustiva de nossos conceitos. Assim, por exemplo, a representação de uma casa é distinta quando, além de me representar a casa, represento-me também as partes de que seu conceito é constituído: três janelas, um sótão, a porta em estilo vitoriano etc. Assim, a operação que faz com que um conhecimento se torne distinto resume-se a uma *análise*, por meio da qual a obscuridade do conhecimento se dissipa, na medida em que nos tornamos conscientes das notas características (as três janelas, o sótão, a porta etc.) pensadas por referência a uma coisa (a casa). Ora, aquilo que a análise decompõe, e que são as notas características do conceito, já se encontra ligado — mas, aos olhos do filósofo dogmático, essa ligação não envolve, como irá afirmar Kant na *Crítica*, a atividade do sujeito de conhecimento. Como diz Wolff, toda invenção humana é em realidade obra de Deus, e nossa reflexão, o caminho que conduz à descoberta dessa obra.

Essa inteira amarração especulativa começa a fazer água tão logo Kant descobre que, contra o que supôs Leibniz, o conhecimento não se reduz à distinção obtida por análise conceitual. O ponto é simples: se, como queria a tradição leibniziana, dois objetos que possuem exatamente as mesmas notas características têm de ser considerados idênticos, como então explicar a diferença entre minhas duas mãos (ver Texto 2)? Do ponto de vista lógico-conceitual, elas só admitem uma única descrição, já que dispõem das mesmas notas características. Ocorre que, embora sejam simétricas, a sobreposição de uma a outra produz uma incongruência que trai uma diferença espacial entre ambas. Eis-nos, assim, diante de uma distinção *estética* do conhecimento, que põe por terra a ideia de que o conhecimento se esgote na análise lógico-discursiva. A Estética transcendental, aprofundando a constatação de que o modo como somos afetados pelas coisas é relevante para o conhecimento, prepara, assim, a completa revisão da acepção sob a qual a metafísica clássica compreendia o saber.

De fato, um dos pilares da epistemologia crítica reside na descoberta da irredutibilidade entre o sensível e o intelectual. Intuição e conceito, assim como sensibilidade e entendimento, distinguem-se entre si não pelo grau de clareza ou distinção das representações, mas pela natureza (intuitiva ou discursiva) do modo de representar em pauta. A representação intuitiva é sempre representação imediata de um objeto, sob as formas do espaço e do tempo. A representação discursiva, ao contrário, tem de aplicar-se a intuições a fim de tornar-se objetiva. Daí que se ater à análise lógico-discursiva dos conceitos, como fazia a metafísica clássica, é ignorar que o conhecimento também concerne a um dado *que é exterior* ao pensamento puro, representado pelo modo como os objetos nos afetam. Disso se segue que a exterioridade ao pensamento já não equivale às coisas mesmas, mas ao *como elas aparecem à nossa intuição sensível*. O conhecimento, argumenta Kant, resulta de uma atividade do entendimento sobre os fenômenos dados à nossa intuição.

Antes de seguirmos em frente, convém assinalar a diferença, importante para a compreensão global da *Crítica*, entre a descoberta da Estética transcendental e a descoberta de seu alcance antidogmático. Na trajetória que resultou no abandono do dogmatismo por Kant, a identificação dos princípios formais da sensibilidade não acarretou imediatamente fazer do sensível a instância de limitação do conhecimento possível, como ocorrerá na *Crítica da razão pura*. É o que testemunha a *Dissertação* de 1770: nessa obra, embora já enunciasse com firmeza a irredutibilidade entre os modos de representação sensitivo e intelectual, Kant ainda mantinha a esperança de obter um conhecimento teórico do mundo inteligível. Nessa época em que o projeto crítico ainda se encontrava em gesta, o reconhecimento da autonomia do sensível face ao inteligível *convivia com o intuito dogmático em metafísica*. Ou por outra: o reconhecimento de que o sensível demarca um âmbito que possui sua legalidade própria não engendrava, em 1770, a *limitação crítica* do conhecimento especulativo aos fenômenos. Com efeito, a tese da autonomia ou irredutibilidade do estético em relação ao intelectual, formulável nos termos da distinção entre intuição e conceito, só adquiriu todo seu alcance crítico quando se prestou ao intuito de limitar o uso especulativo da razão à experiência — e esse intuito adveio não do fato de Kant ter reconhecido a especificidade do estético frente ao intelectual, mas de ter detectado as contradições em que se enreda o pensamento puro, tão logo se aventura para além do âmbito da experiência em busca de uma teoria do suprassensível. Dito de outro modo, uma coisa é separar sensibilidade e entendimento; outra é somar a isso o reconhecimento de que só podemos *conhecer* o que nos é dado como fenômeno... Ora, Kant descobre a inteira extensão da miragem intelectualista em que se enredou a metafísica clássica apenas a partir do momento em que dá esse segundo passo — quando, em suma, se convence de que só há conhecimento onde houver determinação (*intuição* mais *conceito*), e de que, portanto, empregar conceitos puros do entendimento sem qualquer referência ao modo como algo nos é dado na sensibilidade é permanecer no âmbito do pensamento indeterminado.

Em resumo, o alcance crítico da descoberta da autonomia do sensível frente ao intelectual precisará esperar pela articulação entre Estética, Analítica e Dialética transcendentais. Pois, para limitar todo conhecimento especulativo à experiência, não bastava descobrir que intuição e conceito são separáveis entre si, que sensibilidade e entendimento limitam-se um ao outro como dois modos de representação próprios, cada qual a exigir uma abordagem específica. Era preciso também abandonar o dogma de que, para além do domínio do conhecimento sensitivo, possa haver conhecimento dos inteligíveis. Ora, Kant não poderia chegar ao reconhecimento de que *pensar* não é imediatamente *conhecer* somente tendo em mãos os princípios da Estética transcendental. Para tanto, era preciso, além disso, constatar que o pensamento puro se torna contraditório toda vez que, deixando para trás o âmbito dos fenômenos, se pronuncia especulativamente sobre o incondicionado. Era preciso, em suma, descobrir que a razão humana se torna antinômica ao especular sobre o suprassensível para que a descoberta da dignidade filosófica do sensível adquirisse o sentido limitativo ("só podemos conhecer fenômenos") que lhe atribui a *Crítica da razão pura*. E essa descoberta é comentada, na ordem interna da *Crítica*, ali onde Kant conclui a Estética para adentrar a Lógica transcendental.

## A Analítica transcendental: síntese e consciência

A Lógica transcendental define-se pela tarefa de determinar a origem, o âmbito e a validade objetiva do conhecimento puro do entendimento e da razão, mediante o qual pensamos objetos de modo inteiramente *a priori*. Kant aqui lança mão do mesmo exercício abstraente que já pusera em prática ao expor a Estética transcendental como ciência de todos os princípios *a priori* da sensibilidade. Assim como nesta última espaço e tempo nos são apresentados como as formas *a priori* da nossa intuição e, portanto, como as formas sob as quais podemos ser afetados por objetos, na Lógica transcendental tratar-se-á de expor os conceitos e princípios mediante os quais um objeto em geral pode ser pensado por nós.

Entre Estética e Lógica transcendentais, porém, há uma diferença significativa, a que se deve prestar atenção sob o risco de mal interpretá-las. O fato de que pensar um objeto em geral seja diverso de determiná-lo como objeto de experiência (pois isso exige que o entendimento se aplique à sensibilidade) faz com que a Lógica transcendental se divida em duas partes. De um lado, partimos do composto que é o conhecimento e daí destacamos tudo o que nele se origina exclusivamente no entendimento. Deixam-se de fora, assim, as intuições e, com elas, tudo o que se reporta imediatamente ao objeto, a fim de examinar o que, graças à atividade sintetizante do entendimento, termina por se configurar como experiência articulada categorialmente, *tão logo os conceitos se apliquem aos fenômenos*. Desse exame ocupa-se Kant na lógica da verdade, cuja condição é "de que na intuição nos sejam dados objetos aos quais o entendimento possa ser aplicado" (B 87). De outro lado, todavia, cabe também à Lógica transcendental examinar o que ocorre com o pensamento puro, quando nos servimos dos conceitos e princípios puros do entendimento sozinhos, isto é, acima dos limites da experiência, única capaz de "nos fornecer a matéria (objetos) à qual aqueles conceitos puros do entendimento podem ser aplicados" (B 87-88). Eis-nos, assim, fazendo frente a um entendimento que se tornou dialético — um entendimento que pretende julgar, afirmar e decidir sinteticamente sobre objetos em geral, apenas com base em seus conceitos puros.

Nunca será demais insistir no fato de que essa passagem, que nos faz abandonar o âmbito em que conhecimentos se reportam a seus objetos em favor do uso hiperfísico do entendimento e da razão, transcorre inadvertidamente. Uma das principais descobertas de Kant reside na constatação de que é por uma espécie de inclinação que passamos da verdade à ilusão, em um movimento que caracteriza o "singular destino" da razão humana, de que nos fala Kant no início do Prefácio de 1781, a fim de justificar a intervenção que a *Crítica* opera no teatro de disputas em que se transformou a metafísica. Daí por que, muito embora para fins de análise a lógica da verdade e a crítica da ilusão dialética sejam discerníveis entre si, o fato de que ambas integrem a Lógica transcendental deveria bastar para nos precaver de tomar a ilusão dialética como algo que pudéssemos extrair de uma vez por todas do horizonte do pensamento pela mera supressão da margem de aparência que cerca as determinações objetivas trazidas pela reunião entre intuição e conceito. O cenário é diverso: ainda que a dialética transcendental descubra a ilusão e impeça que ela nos engane, é impossível fazer "que tal ilusão desapareça" (B 354). A explicação dessa impossibilidade remete ao motivo que justifica a divisão interna da Lógica transcendental, a saber: é sempre uma única e mesma razão que se incumbe de determinar fenômenos enquanto experiência e projetá-los sobre o fundo de uma totalidade que *aparenta* dispor de uma realidade existente em si. Poderíamos afirmar, com base nisso, que a lógica da ilusão está inscrita *in nuce* na Analítica da experiência e é seu prolongamento natural? Cremos que sim, já que a mesma racionalidade que assegura necessidade aos enunciados da filosofia natural reintroduz, no coração da experiência, aquela significação inteligível das determinações empíricas que, como dizíamos de início, não admite qualquer determinação positiva.

A Analítica transcendental é a decomposição do nosso inteiro conhecimento *a priori* nos elementos do conhecimento puro do entendimento. Mas como tal exigência de completude é levada a bom termo? Vimos que Kant distingue intuição e conceito: enquanto aquela é uma representação imediata do objeto, o conceito se refere a uma representação qualquer, seja intuição, seja conceito. Por isso, usamos conceitos para julgar, o juízo sendo conhecimento mediato de um objeto, isto é, "a representação da representação do mesmo" (B 93). Juízos, em suma, são funções de unidade, ao contrário da intuição, que é representação imediata do objeto dado como fenômeno aos sentidos.

Será esse recurso à distinção entre intuição e conceito — paralela àquela entre sensibilidade e entendimento — que irá permitir a Kant recensear as operações do entendimento a partir da análise de nossos juízos. Como afirma no início da Analítica transcendental, as ações do entendimento sempre perfazem juízos, de forma que o entendimento vale como uma faculdade de julgar. Dada a *unidade absoluta* do pensamento e dado que *pensar é julgar*, a tábua lógica dos juízos presta-se como fio condutor da tábua completa dos conceitos puros ou "categorias" do entendimento. Desse modo, abre-se o caminho para a decomposição do entendimento em todos os seus conceitos puros, mediante os quais algo pode vir a ser pensado.

Resta que tais categorias, definidas por referência ao ato de julgar como funções de unidade de representações em geral, são, se tomadas em si mesmas, desprovidas de validade objetiva. Com efeito, vimos que a objetividade, para Kant, nada sendo em si mesma, requer a junção entre intuição e conceito. Tampouco a intuição do fenômeno dado na sensibilidade sob as formas do espaço e do tempo é, por própria conta, objeto de experiência; para a constituição desse último, é preciso que a multiplicidade intuitiva seja determinada (unificada) pelas categorias do entendimento como "unidade", "substância", "causa e efeito", e assim por diante. Falávamos do concurso entre intuição e conceito para a determinação do objeto de experiência (ver Texto 3); na Analítica transcendental, incumbida de levantar a contribuição do entendimento puro para o conhecimento, tal concurso é formulado como exigência de que as categorias puras do entendimento se reportem ao material dado enquanto fenômeno na sensibilidade. Em suma, o problema da *objetividade da experiência* torna-se o problema da *aplicação dos conceitos puros* ao que nos é dado pelos sentidos ou, nos termos do próprio Kant, temos de nos haver agora com a dedução transcendental das categorias (ver Texto 4).

Não há maneira de aqui procedermos a uma análise da célebre "Dedução transcendental das categorias" — texto situado no coração da Analítica transcendental e que se tornou conhecido como um dos mais difíceis da história da filosofia. Mas há três elementos envolvidos na dedução das categorias que merecem menção, pois ajudam a dar uma ideia do que aí está em jogo: o conceito de ligação, a doutrina da apercepção e o papel da imaginação como faculdade que, ao estabelecer a mediação entre entendimento e sensibilidade, assegura a validade objetiva das categorias.

1) *O conceito de ligação*. O argumento dedutivo inicia-se com a apresentação do conceito de "ligação", por meio do qual Kant leva adiante a assimilação entre *pensar* e *julgar*, a que fizemos menção acima. Partindo da tese de que pensar é unificar representações dadas na intuição em juízos, Kant afirma o caráter intelectual da ligação de um múltiplo em geral. Isso significa que a síntese das representações é um ato da espontaneidade do sujeito, tese condizente com a ideia da revolução copernicana em filosofia, sobre a qual Kant insiste no Prefácio à segunda edição da *Crítica*. Assim, toda ligação é definida como síntese do entendimento — o que, lê-se no §15 da "Dedução transcendental", significa não podermos nos representar nada ligado no objeto *sem o termos nós mesmos ligado antes*. As notas características do conceito de um objeto, por isso, não refletem a ordem das coisas, cuja gênese o filósofo dogmático considerava externa ao sujeito. Ao contrário, o objeto é sua reunião por este último, ao pensar o que lhe é dado na intuição.

2) *A doutrina da apercepção*. O que é representado como ligado no objeto, assim, resulta da operação do entendimento, função de unidade, sobre um múltiplo dado en-

quanto intuição. E o fundamento dessa unidade da ligação não é outra coisa que a atividade do entendimento em reportar cada uma de nossas representações a um *mesmo* princípio de unidade. Ao fazê-lo, o sujeito reconhece a si próprio como identidade que unifica a diversidade dada. Nessa medida, ao *cogito* (designação clássica para o "eu penso") corresponderá uma unidade sintética, não uma unidade analítica. Como diz Kant no §16, é somente porque posso, numa consciência, ligar um múltiplo de representações dadas que posso me representar, nessas representações, a identidade da consciência. A ideia que aparece aqui (e que terá futuro promissor no idealismo alemão que tem início com Fichte e Schelling já na época de Kant) é a de que a autoconsciência repousa na identidade do princípio de unificação do diverso dado como intuição. O que é dizer que não disponho de nenhuma representação de mim mesmo, senão na medida em que reúno uma diversidade dada e a reconheço como pertencendo a uma única e mesma consciência. Sem essa atividade de unificação, portanto, não haveria identidade da consciência. E assim, a partir de Kant, o *eu* remete a uma diversidade radical (que Fichte designará como Não-Eu), unificada como *minha* experiência.

Compreende-se, por isso, em que medida já se disse que, em Kant, o objeto é o correlato da consciência, e que um não vai sem a outra. É que, conforme a doutrina da apercepção, nada pode ser determinado como objeto para nós sem que tenha sido primeiramente ligado pelo entendimento sob a unidade da consciência (ver Texto 5). Essa operação, que admite tantas figuras quanto o número das funções lógicas do julgar, está na base de todas as categorias, que nada mais são do que princípios de determinação do múltiplo enquanto objeto de experiência graças à apercepção pura, representada pelo *eu penso*.

3) *O papel da imaginação*. A essa altura do argumento dedutivo, já sabemos que toda ligação do diverso é necessariamente remetida à unidade originária da apercepção, que subjaz, como princípio de todo pensar, às formas lógicas do juízo. Daí termos afirmado, seguindo os passos de Kant, que o *cogito* equivale a uma faculdade de determinação de uma diversidade dada fora dele, enquanto intuição. No nosso caso, e conforme fora estabelecido pela Estética transcendental, toda intuição é sensível, o que implica dizer que só há *objeto de experiência* na medida em que o fenômeno vier subsumido à apercepção pura. Kant recorda a diferença entre pensar e conhecer, este último requerendo, além do conceito pelo qual um objeto é pensado, a intuição pela qual é dado. Conhecer, conclui-se daí, é *determinar* uma multiplicidade intuitiva enquanto objeto de experiência, ou seja, conferir às percepções a validade objetiva sem a qual os juízos que as vinculam seriam contingentes.

Contudo, essa determinação só é possível na medida em que conceito e intuição, embora distintos entre si, possam ser reportados um ao outro. "*Somente ligados entendimento e sensibilidade* podem determinar objetos em nós" (B 314). É aqui que a imaginação, definida por Kant como faculdade intermediária entre entendimento e sensibilidade, joga um papel crucial. Com efeito, à imaginação cabe determinar *a priori* a sensibilidade conforme as categorias, tarefa da qual ela se incumbe ao fornecer para cada uma delas um *esquema*, através do qual elas representam um objeto determinado. Sem os esquemas fornecidos pela imaginação, portanto, as categorias, sendo meras regras de síntese de uma intuição em geral, não poderiam determinar fenômenos enquanto objetos de experiência.

Sem certas condições que envolvem a sensibilidade e a imaginação, portanto, não é possibilitado às categorias determinarem qualquer objeto; isoladas, elas permanecem desprovidas de toda validade objetiva. Localizar essas condições é obra da lógica da verdade, cujo desfecho nos é apresentado como um ganho crítico que possui duplo alcance. De um lado, a tese de que só podemos conhecer fenômenos, que figura na conclusão da dedução transcendental das categorias, é aprofundada na doutrina do esquematismo. O *esquema* nada mais é do que a concordância entre fenômenos e categorias, possibilitada graças ao papel da imaginação, mediante a qual os princípios do entendimento determinam uma multiplicidade dada sob a forma do tempo. Sem essa determinação transcendental do tempo, as categorias permanecem sendo "meras formas de pensamento mediante as quais nenhum objeto determinado é conhecido" (B 150). Ora, foi no equívoco de presumir conhecer algo exclusivamente com base no pensamento puro que incorreu parte significativa da metafísica clássica — os casos mais ilustres dessa presunção infundada sendo, aos olhos de Kant, os de Platão e Leibniz.

Porém, tomaríamos a parte pelo todo se acreditássemos que o intuito crítico subjacente ao exame da *origem da determinação*, levado a cabo na Analítica transcendental, resume-se à objeção ao intelectualismo, representado pelo menosprezo à cláusula sensível sem a qual, como vimos, não transcorreriam as determinações que configuram o conhecimento de experiência. Pois as mesmas razões que levam Kant a recusar a assimilação do conhecimento ao simples pensar também devem nos prevenir contra o equívoco contrário, o de querer restringir o inteiro pensar às condições que tornam possível o conhecimento da experiência. Fosse assim, *tudo seria determinado* — uma afirmação cosmológica que o exame crítico da experiência nem de longe autoriza a concluir.

Prevenindo-nos acerca disso, já no Prefácio à segunda edição da *Crítica* Kant alega que a utilidade positiva da obra é provar que nem tudo se reduz à causalidade natural, conforme a qual a todo evento se inscreve como efeito em uma cadeia causal necessária. Nem tudo se resume à natureza. Nessa hipótese, toda ação seria determinada por uma causa antecedente, e a liberdade moral, compreendida como causalidade prática, seria impossível. Ora, a possibilidade da liberdade é assegurada pela *Crítica* na medida em que a natureza, enquanto âmbito das determinações, não é natureza em si, mas o resultado da aplicação (possibilitada pela imaginação) do entendimento à sensibilidade. Com efeito, vimos que toda determinação depende da reunião entre conceito e intuição. Ainda que sem esse enlace com os sentidos o conceito permaneça desprovido de validade objetiva, nem por isso ele se encontra privado de toda significação. Por certo, só a determinação transcendental do tempo possibilitada pela imaginação fornece ao conceito seu correlato empírico; mas seria um equívoco fazer com que toda significação de um conceito dependesse da matriz das determinações empíricas localizada pela Analítica transcendental.

Com efeito, contraposto ao âmbito fenomênico encontra-se, precisamente, o âmbito noumênico ou puramente inteligível, do qual a metafísica clássica sempre quis fornecer um saber de tipo teórico. A *Crítica*, porém, ensinou-nos a enxergar nas determinações que constituem uma experiência possível para nós uma atividade de síntese envolvendo a intuição de fenômenos (que não equivalem às coisas tais como são em si mesmas, mas como aparecem na sensibilidade) e conceitos aplicados a eles. O território da experiência, por isso, não é outra coisa senão o que resulta dessa atividade subjetiva de determinação de objetos a partir das formas do intuir e do pensar suscitadas por percepções. Já o âmbito dos *noumena* ou inteligíveis corresponde à esfera dos objetos simplesmente pensados pelo entendimento — uma esfera vazia, posto não admitir nenhuma determinação, mas nem por isso menos importante, pois limita *do exterior* o território das determinações que configuram o conjunto dos conhecimentos empíricos. Essa limitação, como se verá adiante, a propósito da Dialética transcendental, é decisiva para a moralidade, já que, graças a ela, nos asseguramos de que não é necessário que tudo seja determinado por causas antecedentes. Assim, a liberdade, como ação que traz em si mesma sua causalidade, torna-se pensável.

Com efeito, já a divisão da Lógica transcendental em uma Analítica e uma Dialética deixava pressentir que o território da experiência não esgota o inteiro horizonte das significações racionais. E — muito embora somente com a Dialética transcendental Kant explicite todas as variações assumidas pelo fundo sobre o qual são projetadas (e nisso, limitadas) as determinações do conhecimento de experiência —, já na própria Analítica ele acena para a importância do significado não positivo de nossos conceitos. Contra a tentação de assimilar as condições gerais de significação de um conceito às condições de seu uso especulativo em relação à experiência, Kant, no terceiro e último capítulo da Analítica transcendental, insiste em preservar para as categorias uma significação *problemática*, isto é, indeterminada. Devido a essa margem de indeterminação, a categoria isolada não se reporta a nenhum objeto ou experiência. Qual seria, então, seu correlato? Kant fala de uma esfera vazia de objetos, de modo que, para além da determinação temporal dos objetos de experiência, a *Crítica* deixa vago um lugar para objetos puros, simplesmente inteligíveis, os quais, embora não possam ser dados, servem-nos como advertência contra a tentação de assimilar o inteiro campo da significação ao âmbito (agora limitado) dos fenômenos.

É, portanto, por referência ao problema do limite que a distinção entre dois modos de considerar as coisas — ora como *phaenomena*, ora como *noumena* — revela todo seu alcance. Embora sem se aplicar às intuições a categoria não signifique nada de positivo, é por referência a essa significação *problemática* que Kant poderá dizer: os objetos dos quais possuímos intuição sensível estão encerrados sob a esfera dos fenômenos. Com efeito, o *noumenon*, sendo uma "coisa que não pode absolutamente ser pensada como objeto dos sentidos" (ver Texto 6), é incognoscível; por isso, define-se como objeto do pensamento *que não é e nem pode ser conhecimento*. Em sua significação problemática, as categorias anunciam que o âmbito do pensamento é maior do que o da determinação — passo que será decisivo para que, na Dialética, Kant proceda à refutação do materialismo e do fatalismo, doutrinas filosóficas que afirmam que a liberdade não é sequer pensável, visto *tudo* ser determinado. É essa tese cosmológica que o conceito de *noumenon*, remetendo a uma coisa "enquanto não é objeto de nossa intuição sensível" (B 307) põe por terra de modo crítico, isto é, sem se comprometer com tese alguma sobre o mundo.

E, com isso, Kant outra vez corrige um antigo mal-entendido. Pois, de Platão em diante, boa parte da tradição filosófica concebeu o privilégio do inteligível sobre o sensível como residindo no fato de que a eles corresponderiam dois níveis de realidade diversa — o sensível sendo *menos real* que o inteligível. Kant, renunciando a caracterizar a distinção entre ambos pela ontologia, aposta todas as fichas no seu idealismo transcendental. E, com base na *Crítica*, reafirma as antigas prerrogativas do inteligível diante do sensível por meio de um argumento totalmente inédito. Com efeito, agora tais prerrogativas assentam-se no fato de que ao inteligível não corresponde nenhuma realidade determinada; a determinação, como nos ensinou a lógica da verdade, incide somente sobre fenômenos. Mas é justamente por não admitir nenhuma positividade que o inteligível merecerá particular atenção do filósofo transcendental. Ele passa a ser considerado da alçada da razão — e, doravante, já não poderá ser desmentido nem usurpado por nenhum saber positivo.

## A Dialética transcendental

Dizíamos, a propósito da Analítica, que nela já se encontram alojados *in nuce* alguns dos problemas que serão explicitados somente na Dialética transcendental. A própria definição da Analítica — a *completa* decomposição do entendimento em seus elementos — faz apelo à ideia de totalidade, que, posta pela razão, só é discutida criticamente na Dialética. Isso não bastasse, acompanhamos Kant no desfecho da lógica da verdade reservando aos conceitos do entendimento uma significação problemática, que remete ao âmbito dos objetos puramente inteligíveis — isto é, que definem um campo diverso daquele assinalado pela experiência possível.

Por isso, quando, no início da Dialética transcendental, Kant define a razão como a faculdade de ideias para as quais *não poderá jamais corresponder nada de determinado na experiência*, somos imediatamente reportados ao âmbito do pensamento puro, para o qual já acenava o fim da Analítica. Nos dois casos, com efeito, lidamos com significações que não são reportadas a intuições sensíveis. Porém, como deixam perceber os exemplos escolhidos por Kant na "Introdução à Dialética" a fim de ilustrar o que são ideias da razão, há uma grande diferença entre elas e os conceitos puros do entendimento, apresentados na Analítica transcendental.

O primeiro exemplo consiste na ideia pura de virtude, com base na qual julgamos os homens que se apresentam como virtuosos: "O fato de que um homem jamais agirá conforme ao que a ideia pura de virtude contém de modo algum prova algo quimérico neste pensamento" (B 372). O mesmo vale para a ideia de uma constituição política perfeita, que tenha por fim a máxima liberdade humana: longe de ser quimérica, ela é necessária para que somemos todos os esforços a fim de aperfeiçoar, como for possível, nossa constituição política efetiva. Tais ideias, embora não possam encontrar qualquer correlato empírico, operam como arquétipos, isto é, como padrões de uma perfeição que, embora jamais seja alcançada, sempre deve ser buscada por nós. Ora, um ideal que se presta como fim a ser perseguido — e que promove uma progressão efetiva de nossas ações ou de nosso conhecimento rumo a um máximo de perfeição — não é indeterminado ao modo das categorias puras do entendimento em seu significado problemático.

Por isso Kant designa as ideias transcendentais como máximas da razão, cuja utilidade é pautar o uso do entendimento no conhecimento empírico. Máximas não são princípios constitutivos das coisas, isto é, não concernem — como as categorias do entendimento — à determinação dos fenômenos enquanto objeto da experiência possível. A razão, em vez de produzir conceitos por si mesma, contenta-se em operar sobre os conceitos do entendimento, e essa operação reside em ordená-los de modo a torná-los partes de um mesmo sistema de conhecimentos. Daí por que Kant fale da ideia como sendo um *focus imaginarius*, isto é, um ponto de fuga que, situado *fora* de toda experiência possível, confere aos conceitos do entendimento sua unidade e extensão máximas. Nisto a passagem da Analítica para a Dialética retoma um aspecto central da *Crítica*, a que viemos aludindo desde o início deste breve comentário, a saber: a diferença entre o exame da *origem da determinação* de um objeto de experiência e o exame do *horizonte no qual transcorrem tais determinações*. Para os aspectos especulativos envolvidos na investigação da natureza, as duas etapas são igualmente imprescindíveis. Pois se, de um lado, sem a categoria do entendimento nenhum objeto poderia ser determinado, de outro, não fossem as ideias da razão, todas as determinações permaneceriam destituídas daquela unidade sistemática que unicamente pode conferir à *experiência possível* sua unidade empírica.

Pois bem poderia acontecer que a natureza, cujas condições formais são relacionadas por Kant na lógica da verdade, fosse destituída de todo e qualquer princípio de ordenação e coerência internas. Estaríamos frente a um cenário desolador, composto por fenômenos tão diversos entre si que toda comparação entre eles se tornaria impossível. Fosse assim, não haveria modo de classificar a natureza segundo a divisão entre gêneros e espécies, nem como passar de uma espécie particular às subespécies nela contidas. Resta que o entendimento, por si mesmo, é incapaz de afastar a hipótese da desordem empírica, visto que tudo que lhe compete é a *determinação* de fenômenos enquanto objetos de experiência, tarefa de que se incumbe mediante a aplicação de seus conceitos a intuições sensíveis. Ora, sem a interconexão dos objetos de experiência com base em um princípio sistemático — o qual se encontra fora da alçada do entendimento —, o conhecimento empírico seria inviável. Por isso, ao proporcionar ordem e coerência ao conjunto dos fenômenos, as ideias da razão cumprem uma etapa fundamental do conhecimento da natureza.

Esse concurso entre entendimento e razão revela a solidariedade que une Analítica e Dialética transcendentais em torno da epistemologia crítica. E não poderia ser diferente: afinal, Analítica e Dialética são *transcendentais*, na acepção que Kant reserva ao termo na "Introdução" da *Crítica da razão pura*: "Denomino *transcendental* todo conhecimento que se ocupa não tanto com objetos em geral, mas com nosso modo de conhecer objetos na medida em que este deve ser possível *a priori*" (B 25). Vimos que, na lógica da verdade, Kant identificara nas formas puras da intuição e nos conceitos puros do entendimento as condições sem as quais não pode haver conhecimento de um objeto de experiência. Já a Dialética nos ensina ser graças à razão e suas ideias que a experiência pode ser *pensada* como sistema de leis empíricas. Ou seja, não é a natureza em si mesma que perfaz um sistema; a harmonia e finalidade que ela comporta não são derivadas da experiência. Ao contrário: a natureza é interrogada por nós a partir da vocação sistemática da razão, de maneira a considerarmos nosso conhecimento empírico defeituoso e inadequado enquanto este não for conforme à ideia que possuímos de sistema.

Eis que a revolução copernicana em filosofia, dispondo que a natureza se regula pelas nossas faculdades de conhecimento, revela agora todo seu alcance. Pois apenas com a Dialética a diferença entre fenômeno e coisa em si impõe aos dogmáticos uma refutação definitiva. Comentávamos, de início, que a *Crítica* demonstra que a pressuposição dogmática, conforme a qual o incondicionado é o conceito de uma coisa real, nos enreda em contradições insuperáveis. O núcleo dessa demonstração reside no exame a que Kant submete a cosmologia racional, que, tradicionalmente, se arvorava em fornecer conhecimentos positivos sobre as condições últimas dos fenômenos dados na natureza. Kant constata que esses pretensos conhecimentos são afirmações sobre o Mundo que se perfilam em dois partidos opostos. De um lado, os finitistas, para os quais o mundo tem um início no tempo e é limitado espacialmente, as substâncias são compostas de partes simples, e existem a liberdade e um ser absolutamente necessário. De outro, os infinitistas, que sustentam o mundo ser sem começo no tempo e ilimitado no espaço, não existir o simples, nem, tampouco, a liberdade e uma causalidade originária. Todas essas afirmações, que versam sobre a totalidade absoluta na síntese dos fenômenos, originam-se naquela progressão da razão que apontávamos de início: partindo de um condicionado dado, ela busca para a síntese empírica uma integridade absoluta, isto é, o incondicionado.

A única solução para esse conflito, que Kant nomeia a antinomia da razão pura, é a qualificação de nosso discurso sobre as coisas. Temos que recusar a premissa em torno da qual gira o conflito, e segundo a qual o mundo (tema de todas as asserções cosmológicas) *seja algo em si mesmo*. Bastará porém fazê-lo para reintroduzir a exigência racional pelo incondicionado a título de máxima da razão indispensável para o alargamento do âmbito da experiência possível. Isso se traduz na tarefa de o entendimento buscar para todo evento uma causa antecedente, e assim sucessivamente, *como se* pudéssemos chegar ao incondicionado. Essa totalidade cosmológica passa assim a ditar a ampliação do conhecimento empírico, mas agora sabemos que possui somente valor heurístico, não correspondendo, assim, a nenhuma positividade inteligível.

A solução da ideia cosmológica vale igualmente para as ideias psicológica e teológica. Também a alma e Deus, assim como o Mundo, operam somente como princípios da razão, que nos incitam a regredir do condicionado ao incondicionado — caso se prefira: da experiência ao fundamento desta. A Dialética, por isso, é uma crítica da ilusão metafísica, representada pelo equívoco de tomar o incondicionado como o conceito de uma coisa real, quando, em verdade, ele nada mais é do que a exigência da razão de que o conhecimento da experiência perfaça uma totalidade. Assim como a ideia de virtude pauta nossas condutas, embora jamais se realize inteiramente nelas, também o investigador da natureza se debruça sobre a experiência *como se* ela fosse um sistema dotado de ordem e coerência (ver Texto 7).

## Conclusão

Até Kant, a metafísica dogmática dividia-se em duas partes. A ontologia ou metafísica geral tratava de expor os predicados do ser enquanto ser — os assim chamados "transcendentais". Já na metafísica especial eram expostos os conhecimentos sobre a alma (psicologia racional), o mundo (cosmologia racional) e Deus (teologia racional). É aderindo a essa divisão que Kant subverte por dentro a atitude dogmática.

De um lado a Analítica transcendental, erigida sobre a tese de que só pode haver conhecimento dos fenômenos quando determinados como objetos pelo entendimento, assinala a substituição da ontologia pela lógica da verdade, conforme os parâmetros fornecidos pela analítica da experiência. Com efeito, pretender que nossos conhecimentos digam respeito ao fundamento último das coisas é ignorar a lição do idealismo transcendental, conforme o qual a necessidade da relação causal (para ficarmos com nosso exemplo de sempre) não concerne às coisas mesmas, mas somente ao modo como conhecemos fenômenos. De outro lado, a Dialética transcendental ensina que as figuras da totalidade sobre a qual se projetam as determinações empíricas não correspondem a nada real e existente por si mesmo, sendo, antes, simples ideias da razão. Ora, toda a metafísica especial apoiava-se na convicção de que a alma é uma substância, de que o Mundo possui realidade em si, e de que Deus é o ente perfeitíssimo. A superação da metafísica especial, então, passa por reconhecer que aquilo sobre o que o filósofo dogmático pretendia fornecer saberes positivos — a alma, o mundo e Deus — tem origem na estrutura da própria razão e, nessa medida, só concerne às coisas *na medida em que falamos delas.*

A *Crítica*, portanto, opera como qualificação de nosso discurso e, assim, possibilita a reabilitação dos temas da metafísica especial para além do âmbito da epistemologia transcendental, no interior da qual as ideias possuem o papel regulativo que já assinalamos. Com efeito, as ideias da razão não somente exprimem exigências a partir das quais conhecemos a natureza; elas também possuem importância decisiva para a filosofia moral edificada nas obras que seguem a *Crítica*. Pois, se não podemos demonstrar a imortalidade da alma nem a existência de Deus, nem por isso, quando agimos com base na razão, podemos nos furtar de postular a imortalidade da alma e a existência de Deus. Não surpreende, por isso, que a *Crítica* tenha sido anunciada por Kant como instrumento que, além de responder à questão sobre o que podemos conhecer, também assegura sobrevida aos conceitos da moralidade e da religião após a interdição da metafísica dogmática.

# Seleção de textos

## Texto 1

Não há dúvida de que todo nosso conhecimento começa com a experiência; do contrário, por meio do que a faculdade de conhecimento deveria ser despertada para o exercício senão através de objetos que toquem nossos sentidos e em parte produzem por si próprios representações, em parte põem em movimento a atividade de nosso entendimento para compará-las, conectá-las ou separá-las e, desse modo, assimilar a matéria bruta das impressões sensíveis a um conhecimento dos objetos que se chama experiência? *Segundo o tempo*, portanto, nenhum conhecimento em nós precede a experiência, e todo o conhecimento começa com ela.

Mas embora todo nosso conhecimento comece *com* a experiência, nem por isso todo ele se origina justamente *da* experiência. Pois poderia bem acontecer que mesmo o nosso conhecimento de experiência seja um composto daquilo que recebemos por impressões e daquilo que a nossa própria faculdade de conhecimento (apenas provocada por impressões sensíveis) fornece de si mesma, cujo aditamento não distinguimos daquela matéria-prima antes que um longo exercício nos tenha tornado aptos a abstraí-lo.

Portanto, é uma questão que requer pelo menos uma investigação mais pormenorizada e que não pode ser logo despachada devido aos ares que ostenta, a saber, se há um tal conhecimento independente da experiência e mesmo de todas as impressões dos sentidos. Tais conhecimentos denominam-se *a priori* e distinguem-se dos empíricos, que possuem suas fontes *a posteriori*, ou seja, na experiência.

*Crítica da razão pura*, "Introdução", B 1-2

## Texto 2

Se duas coisas são idênticas em tudo o que, em cada uma, pode ser conhecido em si (em todas as determinações referentes à quantidade e à qualidade), segue-se necessariamente que, em todos os casos e relações, uma pode substituir-se à outra sem que esta substituição venha a originar a mínima diferença apreciável. É o que, na realidade, acontece com as figuras planas na geometria; mas diversas figuras esféricas mostram, porém, independentemente dessa completa concordância interior, uma tal condição exterior que uma não pode pôr-se no lugar da outra, por exemplo, dois triângulos esféricos nos dois hemisférios, que têm por base comum um arco do equador, podem ter lados e ângulos completamente iguais de maneira que nenhum deles, se for descrito só e de um modo completo, apresentará algo que não se apresente também na descrição do outro e, no entanto, um não pode colocar-se no lugar do outro (isto é, no hemisfério oposto); existe, pois, aqui uma diferença *interna* dos triângulos que nenhum entendimento pode indicar como intrínseca e que apenas se manifesta através da relação exterior no espaço. Contudo, eu quero aduzir casos mais ordinários, que é possível tirar da vida comum.

Que pode haver de mais semelhante e de mais inteiramente igual à minha mão ou à minha orelha que a sua imagem no espelho? E, no entanto, não posso substituir à imagem primitiva esta mão vista no espelho; pois se era uma mão direita, ela é no espelho uma esquerda e a imagem da orelha direita é uma orelha esquerda, que de nenhum modo pode substituir-se à outra. Não há aqui quaisquer diferenças internas que apenas um entendimento pudesse pensar e, no entanto, as diferenças são intrínsecas, como o ensinam os sentidos, porque a mão esquerda não pode ser contida nos mesmos limites que a mão direita, não obstante toda a igualdade e semelhança respectivas (elas não podem coincidir), a luva de uma mão não pode servir à outra. Qual é, pois, a solução? Estes objetos não são representações das coisas como são em si mesmas, e como o entendimento puro as conheceria, mas são intuições sensíveis, isto é, fenômenos cuja possibilidade se funda na relação de certas coisas desconhecidas em si a uma outra coisa, a saber, à nossa sensibilidade. O espaço é a forma da intuição externa desta, e a determinação interna de qualquer espaço só é possível pela determinação da relação exterior a todo o espaço, de que aquele é uma parte (a relação ao sentido exterior), isto é, a parte só é possível pelo todo; o que nunca tem lugar nas coisas em si como objetos do entendimento puro, mas sim nos simples fenômenos. Não podemos, pois, fazer compreender por nenhum conceito a diferença de coisas semelhantes e iguais e, no entanto, incongruentes (por exemplo, volutas inversamente enroladas), mas unicamente pela relação à mão direita e à mão esquerda, que incide diretamente na intuição.

*Prolegômenos a toda metafísica futura*, A 57-59

## Texto 3

Nosso conhecimento surge de duas fontes principais da mente, cuja primeira é receber as representações (a receptividade das impressões) e a segunda a faculdade de conhecer um objeto por estas representações (espontaneidade dos conceitos); pela primeira um objeto nos é *dado*, pela segunda é *pensado* em relação com essa representação (como simples determinação da mente). Intuições e conceitos constituem, pois, os elementos de todo o nosso conhecimento, de tal modo que nem conceitos sem uma intuição de certa maneira correspondente a eles nem intuição sem conceitos podem fornecer um conhecimento. Ambos são puros ou empíricos. Empíricos se contêm sensação (que supõe a presença real do objeto); puros, porém, se à representação não se mescla nenhuma sensação. A última pode ser denominada matéria do conhecimento sensível. Portanto, a intuição pura contém unicamente a forma sob a qual algo é intuído, e o conceito puro unicamente a forma do pensamento de um objeto em geral. Somente intuições ou conceitos puros são possíveis *a priori*, intuições ou conceitos empíricos só *a posteriori*.

Denominamos *sensibilidade* a *receptividade* de nossa mente receber representações na medida em que é afetada de algum modo; em contrapartida, denominamos entendimento ou espontaneidade do conhecimento a faculdade do próprio entendimento de produzir representações. A nossa natureza é constituída de modo tal que a intuição não pode ser senão *sensível*, isto é, contém somente o modo como somos afetados por objetos. Frente a isso, o *entendimento* é a faculdade de *pensar* o objeto da intuição sensível. Nenhuma dessas propriedades deve ser preferida à outra. Sem sensibilidade nenhum objeto nos seria dado, e sem entendimento nenhum seria pensado. Pensamentos sem conteúdos são vazios, intuições sem conceitos são cegas. Portanto, tanto é necessário tornar os conceitos sensíveis (isto é, acrescentar-lhes o objeto na intuição) quanto tornar as suas intuições compreensíveis (isto é, pô-las sob conceitos). Estas duas faculdades ou capacidades também não podem trocar as suas funções. O entendimento nada pode intuir e os sentidos nada pensar. O conhecimento só pode surgir da sua reunião. Por isso, não se deve confundir a contribuição de ambos, mas há boas razões para separar e distinguir cuidadosamente um do outro. Consequentemente, distinguimos a ciência das regras da sensibilidade em geral, isto é, a Estética, da ciência das regras do entendimento em geral, isto é, a Lógica.

"Introdução à Lógica transcendental", B 74-76

## Texto 4

São possíveis apenas dois casos em que representação sintética e seus objetos podem coincidir, referir-se necessariamente um ao outro e como que se encontrar: ou quando só o objeto torna possível a representação ou quando só esta torna possível aquele. No primeiro caso, a relação é apenas empírica e a representação jamais é possível *a priori*. E isto é o caso com fenômenos no tocante ao que neles pertence à sensação. No segundo caso, se bem que a representação em si mesma (pois aqui não se trata da sua causalidade mediante a vontade) não produza o seu objeto *segundo a existência*, não obstante a representação é *a priori* determinante no tocante ao objeto quando apenas por ela é possível *conhecer* algo *como um objeto*. Há, porém, duas condições unicamente sob as quais o conhecimento de um objeto é possível: primeiro *intuição*, pela qual é dado o objeto, mas só como fenômeno; segundo *conceito*, pelo qual é pensado um objeto correspondente a essa intuição. Do que se disse acima, no entanto, resulta claro que a primeira condição, unicamente sob a qual podem ser intuídos objetos, de fato subjaz aos objetos, segundo a forma, *a priori* na mente. Todos os fenômenos concordam, portanto, necessariamente com essa condição formal da sensibilidade, pois somente mediante essa aparecem, isto é, podem ser intuídos e dados empiricamente. Ora, pergunta-se se conceitos *a priori* não são também antecedentes como condições unicamente sob as quais algo, embora não intuído, é todavia pensado como objeto em geral; com efeito, então todo conhecimento empírico dos objetos é necessariamente conforme tais conceitos porque, sem a sua pressuposição, nada é possível como *objeto da experiência*. Ora, além da intuição dos sentidos pela qual algo é dado, toda experiência ainda contém um *conceito* de um objeto que é dado na intuição ou aparece;

logo, conceitos de objetos em geral subjazem a todo conhecimento de experiência como condições *a priori*. Por isso, a validade objetiva das categorias enquanto conceitos *a priori* repousa sobre o fato de que a experiência (segundo a forma do pensamento) é possível unicamente por seu intermédio. Com efeito, então as categorias se referem necessariamente e *a priori* a objetos da experiência, porque só mediante elas pode chegar a ser pensado um objeto qualquer da experiência.

A dedução transcendental de todos os conceitos *a priori* possui, portanto, um princípio ao qual tem que se dirigir toda a investigação, a saber, que eles precisam ser conhecidos como condições *a priori* da possibilidade da experiência (seja da intuição, que é encontrada nela, seja do pensamento). Conceitos que fornecem o fundamento objetivo da possibilidade da experiência são necessários justamente por isso. Mas o desenvolvimento da experiência na qual são encontrados não é sua dedução (mas sim ilustração) porque nela os conceitos seriam apenas casuais. Sem essa referência originária à experiência possível, na qual ocorrem todos os objetos do conhecimento, absolutamente não poderia ser concebida a referência de tais conceitos a um objeto qualquer.

"Da dedução transcendental dos conceitos puros do entendimento", §14, B 124-127

## Texto 5

Falando de modo geral, entendimento é a faculdade de conhecimentos. Estes consistem na referência determinada de representações dadas a um objeto. Objeto, porém, é aquilo em cujo conceito é reunido o múltiplo de uma intuição dada. Ora, toda reunião das representações requer a unidade da consciência na síntese delas. Consequentemente, a unidade da consciência é aquilo que unicamente perfaz a referência das representações a um objeto, por conseguinte sua validade objetiva e portanto que se tornem conhecimentos, e sobre o que enfim repousa *a priori* a própria possibilidade do entendimento.

Portanto, o primeiro conhecimento puro do entendimento, sobre o qual se funda todo o seu uso restante e que ao mesmo tempo é inteiramente independente de todas as condições da intuição sensível, é o princípio da unidade originária da apercepcão. Deste modo, a mera forma da intuição sensível externa, o espaço, não é ainda absolutamente um conhecimento: apenas dá o múltiplo da intuição *a priori* para um conhecimento possível. Todavia, para conhecer uma coisa qualquer no espaço, por exemplo uma linha, preciso traçá-la, e, portanto, realizar sinteticamente uma determinada ligação do múltiplo dado, de modo que a unidade desta ação é, ao mesmo tempo, a unidade da consciência (no conceito de uma linha) e através disso um objeto (um determinado espaço) é primeiramente conhecido. A unidade sintética da consciência é, portanto, uma condição objetiva de todo o conhecimento, de que preciso não apenas para mim a fim de conhecer um objeto, mas sob qual toda intuição tem que estar *a fim de tornar-se objeto para mim*, pois de outra maneira e sem essa síntese o múltiplo não se reuniria numa consciência.

"Da dedução transcendental dos conceitos puros do entendimento", §17, B 137/138

Texto 6

Se elimino de um conhecimento empírico todo o pensamento (mediante categorias), não resta simplesmente nenhum conhecimento de qualquer objeto, pois mediante a mera intuição não é pensado absolutamente nada, e o fato de esta modificação da sensibilidade estar em mim não constitui nenhuma relação de uma representação de tal espécie com qualquer objeto. Se, ao contrário, deixo de lado toda a intuição, permanece ainda apesar disso a forma do pensamento, isto é, o modo de determinar um objeto para o múltiplo de uma intuição possível. Por isso as categorias de certa maneira estendem-se mais além da intuição sensível, porque pensam objetos em geral, sem considerar ainda o modo particular (da sensibilidade) em que estes possam ser dados. Todavia, elas não determinam com isso uma esfera maior de objetos, pois não se pode admitir que tais objetos possam ser dados, sem pressupor a possibilidade de um outro modo de intuição além do sensível, para o que não somos de maneira alguma autorizados.

Denomino problemático um conceito que não contenha nenhuma contradição e que além disso — como limitação de conceitos dados — ligue-se a outros conhecimentos, cuja realidade objetiva, porém, não possa de modo algum ser conhecida. O conceito de um *noumenon*, isto é, de uma coisa que não pode absolutamente ser pensada como objeto dos sentidos, mas como coisa em si mesma (unicamente por um entendimento puro), não é de modo algum contraditório, pois não se pode afirmar que a sensibilidade seja o único modo possível de intuição. Tal conceito é, além disso, necessário para não estender a intuição sensível até as coisas em si mesmas e, portanto, para restringir a validez objetiva do conhecimento sensível (pois as demais coisas, que a intuição sensível não alcança, são denominadas *noumena*, para com isso indicar que aqueles conhecimentos não podem estender a sua região a tudo o que o entendimento pensa). Em conclusão, porém, não se pode absolutamente entrever a possibilidade de tais *noumena*, e o âmbito além da esfera dos fenômenos é (para nós) vazio, isto é, nós possuímos um entendimento que se estende *problematicamente* para além daquela esfera, mas não possuímos nenhuma intuição, antes, nem sequer o conceito de uma tal intuição, pela qual nos sejam dados objetos fora do campo da sensibilidade e o entendimento possa ser utilizado *assertoricamente* para além desta. Portanto, o conceito de um *noumenon* é simplesmente um conceito limite para restringir a pretensão da sensibilidade, sendo portanto de uso meramente negativo. Tal conceito não é, entretanto, inventado arbitrariamente, mas se conecta com a restrição da sensibilidade, sem contudo poder colocar algo positivo fora do âmbito da mesma.

"Do fundamento da distinção de todos os objetos em geral em *phaenomena* e *noumena*", B 309-311

## Texto 7

Há uma grande diferença entre se algo é dado à minha razão como um *objeto pura e simplesmente* ou se só como um *objeto na ideia.* No primeiro caso, os meus conceitos dirigem-se à determinação do objeto; no segundo, trata-se apenas de um esquema ao qual não é conferido objeto algum, nem sequer hipoteticamente. Tal esquema serve somente para representar os outros objetos mediante a referência a essa ideia, por conseguinte, indiretamente, segundo a sua unidade sistemática. Assim, digo que o conceito de uma inteligência suprema é uma simples ideia, isto é, que a sua realidade objetiva não deve consistir no fato de ele precisamente se referir a um objeto (pois com esta significação não poderíamos justificar a sua validade objetiva), mas que é só um esquema ordenado segundo as condições da máxima unidade da razão e relativo ao conceito de uma coisa em geral, servindo somente para manter a máxima unidade sistemática no uso empírico da nossa razão na medida em que o objeto da experiência é, por assim dizer, derivado do objeto fictício dessa ideia enquanto seu fundamento ou sua causa. Em tal caso, diz-se, por exemplo, que as coisas do mundo têm que ser consideradas *como se* obtivessem a sua existência de uma inteligência suprema. Deste modo, a ideia é propriamente só um conceito heurístico e não um conceito ostensivo, e indica não como um objeto é constituído, mas como sob a sua direção nós devemos *procurar* a constituição e a conexão dos objetos da experiência em geral. Ora, se for possível que, embora as três espécies de ideias transcendentais (*psicológica*, *cosmológica* e *teológica*) não sejam diretamente referidas a nenhum objeto a elas correspondente e a nenhuma determinação do mesmo, sob a pressuposição de um tal objeto na ideia possam contudo conduzir todas as regras do uso empírico da razão à unidade sistemática e ampliar permanentemente o conhecimento da experiência, mas sem jamais ser contrárias à mesma, então proceder segundo tais ideias constituirá uma máxima necessária da razão. E esta é a dedução transcendental de todas as ideias da razão especulativa não enquanto princípios *constitutivos* da ampliação do nosso conhecimento a um número de objetos maior do que a experiência pode fornecer, mas enquanto princípios *regulativos* da unidade sistemática do múltiplo do conhecimento empírico em geral, que deste modo é mais consolidado e retificado do que aconteceria, sem tais ideias, mediante o simples uso dos princípios do entendimento.

Quero tornar mais claro esse ponto. *Em primeiro lugar*, seguindo as referidas ideias como princípios, pretendemos conectar (na Psicologia) todos os fenômenos, ações e receptividade da nossa mente com o fio condutor da experiência interna *como se* fosse uma substância simples existindo permanentemente (pelo menos na vida) com a sua identidade pessoal, ao passo que variam continuamente os seus estados, aos quais os do corpo pertencem só como condições externas. *Em segundo lugar* (na Cosmologia), temos que perseguir as condições tanto dos fenômenos internos quanto dos fenômenos externos da natureza numa investigação jamais terminável *como se* tal série fosse em si infinita e carente de um elo primeiro ou supremo, apesar de não negarmos que com isso os seus fundamentos primeiros fora dos fenômenos sejam meramente inteligíveis; não obstante, jamais devemos inseri-los no contexto das explicações da natureza, pois de modo algum os conhecemos. Finalmente, e *em terceiro lugar*, temos que considerar (com respeito à Teologia) tudo o que possa pertencer ao contexto da experiência possível *como se* esta constituísse uma unidade absoluta, mas completamente dependente e sempre ainda condicionada ao mundo sensível, e não obstante ao mesmo tempo *como se* o conjunto de todos os fenômenos (o próprio mundo sensível) tivesse fora do seu âmbito um único fundamento supremo e totalmente suficiente, a saber, uma razão por assim dizer autônoma, originária e criadora com referência à qual dirigimos o uso empírico da *nossa* razão, na máxima ampliação daquele uso, como se os próprios objetos surgissem daquele arquétipo de toda razão. Isso significa que não derivamos os fenômenos internos da alma a partir de uma substância simples e pensante, mas uns dos outros segundo a ideia de um ente simples; e que não derivamos a ordem do mundo e a sua unidade sistemática a partir de uma inteligência suprema, mas que da ideia de uma causa sumamente sábia extraímos a regra segundo a qual a razão possa ser utilizada da melhor maneira possível, para o seu próprio apaziguamento na conexão entre causas e efeitos no mundo.

"Do propósito último da dialética natural da razão pura", B 698-701

# Referências e fontes

• Para o significado geral da *Crítica da razão pura*, veja-se, também de Kant, *Prolegômenos a toda metafísica futura* (Lisboa, Edições 70, 1987) e *Progressos da metafísica* (Lisboa, Edições 70, 1985).

• Para a análise da causalidade por David Hume, veja-se *Investigação sobre o entendimento humano*, no volume da coleção Os Pensadores dedicado a Hume (São Paulo, Nova Cultural, 1999), especialmente seções I a VII. O leitor tenha em mente que a apresentação do problema feita aqui pautou-se menos por Hume do que pela interpretação que Kant fez dele.

• Para a abordagem intelectualista do estatuto da sensibilidade, recusada por Kant, veja-se Leibniz, *Novos ensaios sobre o entendimento humano*, também na coleção Os Pensadores, no volume dedicado a esse filósofo (São Paulo, Nova Cultural, 1974), e, sobretudo, os textos de Christian Wolff (*Gesammelte Werke*, edição fac-símile organizada por J. École *et alli*, 59 vols., Hildesheim/Nova York, Olms, 1965ss.); há uma tradução italiana da *Metafísica tedesca* (org. R. Ciafardone, Milão, R.C.S. Libri, 2003).

• Na seleção de textos, utilizamos a tradução da segunda edição da *Crítica da razão pura* (1787) feita por Valério

Rohden e Udo Moosburguer para a coleção Os pensadores (São Paulo, Abril Cultural, 1980). A mesma tradução foi recentemente publicada pela *Folha de São Paulo*, mas sem a referência da paginação B. Há outra tradução brasileira da *Crítica da razão pura*, por Alex Marins (São Paulo, Martin Claret, 2003). Embora inferior à tradução supracitada, é útil por trazer o texto da primeira edição da *Crítica*, de 1781, oferecendo a possibilidade de medir o alcance das modificações introduzidas por Kant na edição de 1787. A mesma oportunidade é oferecida pela tradução de Manuela P. Santos e Alexandre F. Morujão da *Crítica da razão pura* publicada em Portugal (Lisboa, Fundação Calouste Gulbenkian, 4ª ed., 1997).

# Leituras recomendadas com comentários

Para o leitor iniciante que deseje aprofundar seus conhecimentos sobre Kant e a *Crítica da razão pura*, uma boa indicação é o livro de Deleuze *A filosofia crítica de Kant* (Lisboa: Edições 70, 2000). Nessa linha são também de valor os livros de George Pascal, *O pensamento de Kant* (Petrópolis, Vozes, 2001) e de Michele Crampe-Casnabet, *Kant: Uma revolução filosófica* (Rio de Janeiro, Zahar, 1994). Como texto de apoio, o *Dicionário Kant*, de Howard Caygill, (Rio de Janeiro, Zahar, 2000) é de grande utilidade. Vale também mencionar um artigo de Rubens Torres Filho, "Dogmatismo e antidogmatismo: Kant na sala de aula", no qual a distinção entre fenômeno e coisa em si é abordada magistralmente. O texto encontra-se incluído no periódico *Cadernos de filosofia alemã* (nº 7, 2001) e pode ser encomendado ao Departamento de Filosofia da Universidade de São Paulo.

Ainda não dispomos, em português, de um guia específico para a primeira *Crítica* de Kant. Na espera dele, o leitor poderá consultar ótimos textos nessa modalidade editados fora do Brasil, a começar pelos clássicos de H. Vaihinger *Kommentar zur Kants Kritik der reinen Vernunft* (Stuttgart, Spemann, 1881-2) e de H. Cohen, *Kommentar zur Imma-*

*nuel Kants Kritik der reinen Vernunft* (Hamburgo, Felix Meiner, 1920). Mais recente e também muito útil é o *Guida alla lettura della Critica della ragion pura di Kant* (Roma, Laterza, 1999), de Silvestro Marcucci. Em *La critique kantienne de la métaphysique* (Paris, PUF, 1968), Ferdinand Alquié fornece uma esclarecedora introdução aos temas da Dialética transcendental da *Crítica da razão pura*.

No que concerne ao modo como a *Crítica da razão pura* foi interpretada pelos contemporâneos de Kant e os que logo se seguiram a ele, veja-se a coletânea coordenada por Fernando Gil, *Recepção da Crítica da razão pura: Antologia de escritos sobre Kant (1786-1844)*, publicada pela Calouste Gulbenkian (Lisboa, 1992). Outro excelente título sobre o mesmo tema, mas em francês, é *De Kant aux postkantiens* (Paris, Aubier, 1992), de Victor Delbos.

Para o interessado em leituras mais especializadas sobre a *Crítica da razão pura*, o forte da bibliografia em português está mais em artigos que em livros, cujo número ainda é muito reduzido. A grande exceção é o livro de Gérard Lebrun, *Kant e o fim da metafísica* (São Paulo, Martins Fontes, 1993), fundamental não somente pelas teses que apresenta sobre Kant, como também pelo fato de ter sido ponto de partida para desenvolvimentos importantes da interpretação feita no Brasil sobre o kantismo e suas repercussões para a história da filosofia. Do mesmo autor, veja-se também *Sobre Kant* (São Paulo, Iluminuras, 1993). O periódico *Studia kantiana*, da Sociedade Kant Brasileira, publica desde 1998 autores brasileiros e estrangeiros especializados na filosofia de Kant. A publicação pode ser encontrada em bibliotecas universitárias ou solicitada junto ao Departamento de Filosofia da Universidade de São Paulo. Finalmente, o site da Sociedade Kant Brasileira — Seção Campinas (http://www.cle.unicamp.br/kant_campinas/) é muito útil na consulta sobre a bibliografia em português e as atividades relativas ao kantismo.

# Sobre o autor

Vinicius de Figueiredo formou-se em filosofia na Universidade de São Paulo (USP), onde também fez seu mestrado e doutorado. Foi bolsista e assistente de pesquisa no Centro Brasileiro de Análise e Planejamento (Cebrap) entre 1988 e 1993. Traduziu as obras de Kant *Observações sobre o sentimento do belo e do sublime* e *Ensaio sobre as doenças mentais* e foi editor da revista de filosofia *Dois Pontos*. É autor de *Quatro figuras da aparência* e organizador de *Filosofia: temas & percursos*. Atualmente leciona no Departamento de Filosofia da Universidade Federal do Paraná e é bolsista do Centro Nacional de Pesquisa e Desenvolvimento (CNPq).

## Coleção **PASSO-A-PASSO**

*Volumes recentes:*

CIÊNCIAS SOCIAIS PASSO-A-PASSO

**O negócio do social [40]**, Joana Angélica Barbosa Garcia

**Origens da linguagem [41]**, Bruna Franchetto e Yonne Leite

**Antropologia da criança [57]**, Clarice Cohn

**Patrimônio histórico e cultural [66]**, Pedro Paulo Funari e Sandra de Cássia Araújo Pelegrini

**Antropologia e imagem [68]**, Andréa Barbosa e Edgar T. da Cunha

**Antropologia da política [79]**, Karina Kuschnir

**Sociabilidade urbana [80]**, Heitor Frúgoli Jr.

**Pesquisando em arquivos [82]**, Celso Castro

**Cinema, televisão e história [86]**, Mônica Almeida Kornis

FILOSOFIA PASSO-A-PASSO

**Estética [63]**, Kathrin H. Rosenfield

**Filosofia da natureza [67]**, Márcia Gonçalves

**Hume [69]**, Leonardo S. Porto

**Hannah Arendt [73]**, Adriano Correia

**Schelling [74]**, Leonardo Alves Vieira

**Niilismo [77]**, Rossano Pecoraro

**Kierkegaard [78]**, Jorge Miranda de Almeida e Alvaro L.M. Valls

**Filosofia da biologia [81]**, Karla Chediak

**Ontologia [83]**, Susana de Castro

**John Stuart Mill & a liberdade [84]**, Mauro Cardoso Simões

**Filosofia da história [88]**, Rossano Pecoraro

**Teoria do conhecimento [91]**, Alberto Oliva

PSICANÁLISE PASSO-A-PASSO

**Psicanálise com crianças [75]**, Teresinha Costa

**Feminino/masculino [76]**, Maria Cristina Poli

**Cinema, imagem e psicanálise [85]**, Tania Rivera

**Trauma [87]**, Ana Maria Rudge

**Édipo [89]**, Teresinha Costa

**A psicose [90]**, Andréa M.C. Guerra

**A angústia [92]**, Sonia Leite

**Educação e psicanálise [93]**, Rinaldo Voltolini

**Os outros em Lacan [94]**, Antonio Quinet

**A paixão [95]**, Marcus André Vieira

**Histeria: o caso Dora [96]**, Nadiá Paulo Ferreira e Marcus Alexandre Motta